ざっくり甲子園100年100ネタ

ニワカも
マニアも
おさえて
おきたい

オグマナオト

廣済堂出版

はじめに

*

複線のように絡み合う「リンクする甲子園」を

デカい祭りが幕を開ける。全国高等学校野球選手権、「夏の甲子園」が2018年夏、ついに第100回大会を迎える。メディアは甲子園特需に沸いている。

3年前の2015年、「高校野球100年」というメモリアル・イヤーにも、数多くの「高校野球振り返り本」が出て賑わいを見せた。「記録大全」をうたうもの、「名勝負物語」と題したもの、「甲子園のヒーロー」として過去の怪物たちを振り返るもの。その他、「名門校伝説」「名将語録」「トリビアネタ」etc. とその切り口はさまざまだったが、大会史を〝俯瞰的な視点〟でまとめた企画はあまりなかったように思う。

甲子園の歴史。それは、グラウンドで戦った球児たちの物語でありつつ、それを見続け追いかけてきたファン、さらには球児を見守った家族や監督たちの物語でもある。そこには、名勝負だけでは語りきれない文化的側面、歴史的価値、応援団秘話、監督物語、補欠たちの矜持……さまざまな表情がある。だからこそ、甲子園はここまで長きに渡って愛され続けてきたのだ。そんな複眼的視座をもって大会を振り返ることでこそ、甲子園という魔物の輪郭が浮き上がってくるのではないだろうか。

そこで本書では、大会にまつわる膨大なエピソードから、「甲子園といえばこれ！」と多くの人が思うであろう〝濃い目〟のエピソードだけを100ネタを抽出し、【選手】【監督】【学校】【勝負】【球場】【大会】【逸話】【人物】の8ジャンルに分類。マニアでもあらためて気づきがあり、ニワカファンでも読みやすいものを目指した。

なお、夏の選手権からだけでなく、センバツからも数多くのエピソードを収めている。主催者は違えど、そこには「地続き的なつながり」があり、相互補完的にいくつもの物語を生み出してきたからだ。

また、各エピソードをたどっていくと、まるで複線のように、過去のある試合がその後の大会、対決、球児の生き様に影響を与えていることがいくつもあって驚かされる。そうした「リンクする甲子園」という視点にも注意をはらい、エピソードをまとめていった。あえて年代順・大会順ではない編纂にしているので、どこからページをめくっても甲子園の物語が垣間見えてくるはずだ。そんな〝ざっくり甲子園史〟、いざプレイボール！

目次

【選手】印象に残った選手
【監督】印象に残った監督
【学校】時代を彩った学校
【勝負】伝説の名勝負
【球場】知られざる球場秘話
【大会】大会の歴史
【逸話】こぼれ話と事件簿
【人物】関係した人たち

古きも新しきも
知ってこそ、
観戦が10倍
楽しくなる！

1979年夏

001／100

「神様が創った試合」箕島vs星稜延長18回 2死から奇跡の連続

2度の「2死無走者からの同点ホームラン」

「神様が創った試合」。のちにそう呼ばれる戦いのサイレンが鳴ったのは、1979年8月16日。時計の針は午後4時6分を指していた。第61回選手権、大会9日目第4試合、公立校として史上初の春夏連覇を目指す箕島（和歌山）と、現・甲子園塾の塾長である山下智茂監督率いる星稜（石川）の試合は、ドラマと奇跡に満ちた一戦となった。

試合は両チームが1点ずつを挙げ延長戦に突入。甲子園の照明灯にはいつしか灯がともっていた。試合が動いたのは延長12回、先攻の星稜が1点を勝ち越すものの、その裏、箕島は2死走者なしから起死回生の同点ホームランで食らいつく。すると今度は14回裏、箕島がランナーを三塁まで進めてサヨナラのチャンス。ところが、ここで星稜がまさかの隠し球を披露してタッチアウト。興奮状態にあった球場をさらに喧騒が包んでいく。

迎えた延長16回表、星稜にタイムリーが生まれ、またも勝ち越し。その裏、箕島は再び2死走者なしと追い込まれ、次打者は一塁への平凡なファウルフライを打ち上げてしまう。だが、ここで一塁手がまさかの転倒。この年から甲子園に導入された、ファウルゾーンの人工芝のつなぎ目に足を取られたためだった。こうして命拾いをした打者が打ち直すと、12回の攻防をなぞるように、打球は左中間スタンドへ。再びの同点ホームランが生まれた瞬間、実況アナウンサーは、「甲子園球場に奇跡は生きています！」と叫んだ。

36年後に甲子園のマウンドに立ったエース

試合は引き分け再試合直前の延長18回裏、箕島にサヨナラタイムリーヒットが生まれ、3時間50分に及んだ試合にようやくピリオドが打たれた。星稜を下した箕島は、その後も勝ち進んで悲願の春夏連覇を達成（P68）。だが、ドラマはそれだけでは終わらなかった。

試合終了のサイレンが鳴り響いた直後、18回を1人で投げ抜いた星稜の左腕エース・堅田外司昭に主審がそっと近づいた。健闘を讃え、そしてこの試合を糧にしてもらいたいと、堅田に試合球を渡すためだ。そして時は流れ、箕島vs星稜の世紀の激闘から36年後の2015年夏、「高校野球100年」の節目を記念して、かつてのスーパー高校生、早稲田実OBの王貞治（P122）による始球式が行われた。この時、王に始球式の球を手渡したのが、「敗戦を糧に……」とボールを託され、高校野球の審判員となった堅田だった。

002/100

決勝ノーヒッターの大団円で春夏連覇「平成の怪物」松坂大輔

1998年 春夏

横浜がアツく燃えた年……1998年。スポーツ界では各競技で横浜勢が躍進した年として記憶されている。正月の箱根駅伝では神奈川大学が総合優勝。プロ野球では横浜ベイスターズが38年ぶりの日本一に輝く。Jリーグでは合併消滅の決まった横浜フリューゲルスが天皇杯で奇跡の勝利を続け、明けて元旦決勝での優勝へ望みをつないだ。

そんな「横浜の年」を春から夏にかけて牽引したのが、高校野球界きっての名門、横浜高校。主役は「平成の怪物」と呼ばれた大エース、松坂大輔だった。

「サボりのマツ」を変えたサヨナラ暴投

1980年夏、早稲田実の1年生エース・荒木大輔が甲子園で躍動した（P38）翌月に誕生し、「大輔」と命名された松坂。中学生にしてその名は全国区で、熱烈な勧誘を受けて横浜に入学。ただ、入学当初は「サボりのマツ」と呼ばれるほど練習嫌いで、飛躍しきれずにいた。だが、2年夏の神奈川大会を自らの暴投でサヨナラ負け。以降、嫌いだったランニングで誰よりも走り、地味な基礎練習にも真剣に取り組むようになった。

2年秋の新チーム結成以降、無敗を続けた横浜は、1998年春、第70回センバツ大会に出場。その最初の試合で松坂は、甲子園球場では高校生史上初の球速150キロを記録。この剛速球に加え、プロレベルと称された鋭く曲がるスライダーを武器に連戦連勝。5試合すべて完投、うち3つが完封という圧倒的な内容で、センバツ優勝を成し遂げた。

59年ぶりの決勝戦ノーヒットノーラン

全国の球児が憧れ、かつ、追われる立場となった松坂。だが、夏の選手権でも主役の座は譲らなかった。準々決勝のPL学園（南大阪）戦では、延長17回、250球を1人で投げ抜き、完投勝利（P98）。その翌日、「きょうは投げません」と宣言して始まった準決勝の明徳義塾（高知）戦では、リードを許していた9回表にマウンドへ。3者凡退に打ち取ると流れは横浜へと移り、奇跡の逆転勝利を呼び込んだのだ。

続く決勝の京都成章（京都）戦では、1939年の海草中（現・向陽／和歌山）の嶋清一以来59年ぶり（P174）の「決勝戦ノーヒットノーラン」で、史上5校目となる春夏連覇達成という大団円。そんな松坂に引っ張られるように、この代の球児たちからは、のちにプロ野球で活躍する選手が続々誕生。「松坂世代」として球界を長く牽引することになる。

003／100

「ＰＬ王朝」の80年代

春連覇・ＫＫ優勝・春夏連覇の大偉業 ほか

1981年 1982年 1987年

スター軍団で80年代に栄華を誇る

「あ〜あ〜ＰＬ〜ＰＬ〜　永遠《とわ》の学園〜」80年代、ＰＬ学園（大阪）の校歌は、小学生も歌える日本でもっとも有名な校歌だった……そんな表現が大げさではないほど、甲子園でＰＬナインは校歌を歌い続けた。高校野球人気が高まった80年代に強かったのがＰＬなのか、ＰＬの圧倒的な強さが80年代の高校野球人気を牽引したのか。いずれにせよ、この時代の高校野球は、ＰＬ学園を抜きに語ることはできない。

70年代後半、「逆転のＰＬ」の異名（Ｐ198）とアルプススタンドの人文字応援で人気校となったＰＬ学園。その強さは80年代に入ってさらに盤石なものになっていった。

１９８１年春、第53回センバツ大会では、吉村禎章らを中心にした破壊力ある打撃で快進撃。決勝では、９回裏逆転サヨナラ優勝という、まさに「逆転のＰＬ」らしさ全開で初のセンバツ王者に戴冠。翌82年春のセンバツで大会連覇を達成する。

そして1983年、桑田真澄・清原和博のKKコンビが入学すると、2人が在籍した3年間5大会で優勝2回、準優勝2回と圧倒的な強さを発揮した（P152～154）。

この「KK時代」以上に強かった、とも言われるのが1987年のPLだ。立浪和義、片岡篤史、野村弘（のちに弘樹）。さらには1学年下の宮本慎也など、プロの世界でもチームの中心として活躍する選手たちばかりのスター軍団を擁し、KKコンビもなし得なかった春夏連覇を達成。まさに、「PL王朝」と呼ぶべき存在だった。

甲子園通算58勝の万能型監督

そんな強過ぎた80年代PLを率いたのが、1980年8月に就任した中村順司監督。退任する1998年までの18年間で積み上げた甲子園通算勝利数は、歴代2位の58勝。春夏通算の優勝回数6回（81春、82春、83夏、85夏、87春、87夏）は史上最多タイだ。

また、甲子園での勝利、という目の前の結果だけでなく、桑田真澄、清原和博、立浪和義らを筆頭に、数多くの一流プロ野球選手を育て上げた点も見過ごせない。それらを可能にしたのが、超一流選手たちを従えるカリスマ性、戦術眼、育成力、勝負運……すべてに優れた高校野球史上きっての万能型監督、それが中村順司だった。

それにしても、こんな絶対王者が30年後に休部とは、誰が予想できただろうか……。

004/100

強豪校ブラバン名曲「ジョックロック」に「天理ファンファーレ」

1959年春 2000年夏

野球応援文化の流れを変えた曲

「70・80・90・00年代から最新曲まで、すべての年代の曲が楽しめる。こんなクラブないですよ！　いまでも山本リンダさんの『狙いうち』がかかりますし、親子3代で楽しめます」とは、高校野球大好き芸人、アンジャッシュ・渡部建さんの言葉。高校野球はさほど興味がなくとも応援は大好き、というファンも少なくない。現在、全国的人気の「アフリカン・シンフォニー」以外で特に有名な二大応援曲といえば、天理（奈良）の「天理ファンファーレ」、智弁和歌山（和歌山）の「ジョックロック」ではないだろうか。

「天理ファンファーレ」が初めて甲子園で奏でられたのは、1959年春、第31回センバツ大会から。この曲は、多くの人に親しまれていること以外にも、野球応援文化に大きな影響を及ぼしたエポックメイキングな曲だ。それは、早稲田大学応援曲「コンバットマーチ」のモチーフになったこと。1965年、早大応援部の三木佑二郎氏が「天理ファンファーレ」をヒントに「コンバットマーチ」を作曲。そしてこれに対抗して、慶応義塾大学も翌年、応援曲「ダッシュKEIO」を発表。この2曲は1979年に1枚のレコードとして発売され、やがて全国の高校でも広く使用されるようになったのだ。

また、早稲田、慶応とは別に、明治大学では同校OBの阿久悠が作詞した山本リンダの「狙いうち」「サウスポー」を応援曲として使用。こちらもその認知度の高さからすぐに高校野球応援でも広まり、やがて、「ルパン三世のテーマ」や「タッチ」など、人気アニメのテーマソングも続々と応援に使われるようになっていった。

全国制覇をあと押しした〝魔曲〟

一方、智弁和歌山の「ジョックロック」の甲子園初登場は2000年夏、第82回選手権から。この大会の準々決勝、柳川（福岡）との試合は延長11回の激闘の末、智弁和歌山が逆転サヨナラ勝ち。この大会では他の試合でも智弁打線は打ちまくり、大会通算のチーム本塁打（11本）、チーム安打（100安打）、塁打（157塁打）と、攻撃に関するさまざまな大会新記録を樹立。まさに「ジョックロック」による応援が、3年ぶりの全国制覇のあと押しとなったのだ。ここから、「この曲が流れると打線が爆発する」として〝魔曲〟の名が冠せられ、智弁和歌山の代名詞的存在になったのだった。

1924年

005/100

「誰も見たことのない球場をつくれ」甲子園球場誕生秘話

第9回大会で起きた「観客グラウンド乱入事件」（Ｐ１４２）で断が下された専用球場の建設。当時、阪神電鉄の専務だった三崎省三が製作指揮を執り、若き技術者、野田誠三が設計を担当して、新球場の工事が１９２４年３月にスタート。アメリカ留学経験のある三崎の発想と情熱がなければ、甲子園は今の姿にはなっていなかったはずだ。

「誰も見たことのない球場をつくれ」

スタンフォード大学で電気工学を専攻していた三崎だったが、アメリカ人には学業で対抗できても、ベースボールやフットボールではまるで歯が立たなかった。「東洋人は西洋人に比べて体力や運動能力が劣る。いろんな施設をつくって日本人の体力向上を図らねば」。そんな決意のもと、設計担当の野田へ送った指示は「誰も見たことのない球場をつくれ」「ヤンキースタジアムが世界一なら、君は東洋一のものをつくるんだ！」というとんでもないもの。アメリカのスタジアムが5万人収容できるサイズがほとんどだったことから、それを超える「収容人数は6万人」という超巨大スタジアムの建設が決定した。

誰も見たことのない球場をつくれ……そんな指令もなかなかのムチャぶりだが、さらに厳しかったのが着工期間。建設開始は3月。夏の大会までは5ヶ月しかなく、当初はどの業者も「梅雨もあるから、こんな短い工期では責任が持てない」と尻込みした。そんな中、果敢にも手を挙げたのは大林組。ブルドーザーもショベルカーもなかった時代、牛3頭にローラーをひかせ、ほぼ昼夜兼行で進められた工事は、幸い天候にも恵まれ、実質わずか4ヶ月半で完遂してしまう。竣工した1924年は、「甲乙丙…」で始まる〝十干〟と、「子丑寅…」で始まる〝十二支〟、それぞれ最初の「甲」と「子」が60年ぶりに出合う年。この縁起の良さにちなんで「甲子園球場」と命名された。

6万人のスタンドで「和製ベーブ」がホームラン

こうして歴史が始まった甲子園球場。当初、「6万人のスタンドがすべて埋まるには10年はかかるのではないか？」と心配する声が多かったが、大会4日目、当時「東西の横綱」と言われていた、地元・兵庫の第一神港商と、東京の早稲田実が激突する好カードで、早くも満員のスタンドが実現。この試合では「和製ベーブ」と呼ばれた神港商の山下実がホームランを放つなど、集まったファンを大いに沸かせている。

006/100

金属バットの登場が高校野球を変えた 打高投低時代の到来

1974年夏

いち早く導入した原貢・東海大相模

経済成長率が戦後初めてマイナスに転じた1974年。高度経済成長が終わりを告げ、巨人・長嶋茂雄が引退するなど、日本社会の1つの転換期を迎えたこの年、高校野球にも大きな変化……むしろ革命というべき出来事があった。金属バットの導入だ。

木製バットに比べて耐久性があり経済的。そんな理由で1974年夏、第56回選手権から正式採用されたのが金属バットだった。折しも、原木不足から木製バットの価格も高騰。野球部予算の少ない学校からは、「消耗の激しい木製バットしか使えないのなら、部の存続さえ危うくなる」といった声も聞こえていた。だからこその、折れない金属バット。高野連の調査では、木製バットの耐久力は3000~4000球だが、金属バットなら1万球以上の球を打つことができる、という触れ込みだった。

経済的な側面ばかりが強調されて導入が決まった金属バット。だが、その存在は間違いなく高校野球のあり方を変えた。打球速度は速くなり飛距離もアップ。芯の面積が広く、打ち損じも減ることから、軟投派の〝打たせてとる〟投手は生きにくくなった。

この金属バットをいち早く導入し、選手全員に使用させたのが、名将・原貢率いる東海大相模（神奈川）。74年夏、史上初の〝金属甲子園〟において、1年生5番打者の原辰徳を中心に打力で勝ち上がり、ベスト8進出を果たしたのだ（P120）。

あえて木製バットを使った男

ただ、材質や色などに制限が掛けられての解禁となったため、夏の大会で実際に使用できたのはアメリカ製品のみ。それゆえ、供給量が間に合わず、チームの中でも木製と金属製の使用が混在。導入初年度、甲子園での金属バット使用率はまだ全体の約6割だった。

また、あえて木製を使い続ける選手もいた。優勝した銚子商（千葉）の4番・篠塚利夫（のちに和典）もその1人。「グリップの感触が合わない」「木のしなりを使いバットにボールを乗せる感覚が金属にはない」など、安打職人と呼ばれた彼らしい言葉を残している。

本格的に金属バットの影響が出たのは翌年以降。それまで多くても10本前後だった大会通算ホームラン数は、1975年夏の選手権で戦後1位の15本。その本数は、10年も経たないうちに20本、30本とみるみる増えていった。打高投低時代の始まりである。

007/100

ここから始まる物語 大阪・豊中に集結した「レジェンド10」

1915年夏

ハプニング続出だった第1回予選

始まりは、1915年7月1日付の大阪朝日新聞の紙面だった。何の前ぶれもなく、「全国中等学校優勝野球大会」の開催が宣言されたのだ。開催予定日時は「8月中旬」。約1ヶ月半に及ぶ狂騒曲のスタートだった。

全国大会開催の経緯には諸説あるが、そもそもの発端は、明治後期から各地で行われていた中学野球の地区大会。各地区勝者は招待試合などで遠征を重ね、強い学校ほど武者修行に出かけて腕を磨いていた。その中の1つが、当時、関西では無敵を誇った京都二中（現・鳥羽／京都）。彼らのOBが、「我が母校の実力はもはや日本一ではないか」と考え、それを証明するために全国大会開催を立案。朝日新聞に話を持ちかけた、とされている。

もっとも、あまりに急な開催決定のため、各地で予選に参加できない県が続出。北海道や北陸では予選そのものが開催されず、日程的に予選消化が間に合わない関東地区では、春の東京大会優勝校の早稲田実を代表に決定。他の学校は予選に参加できなかった。

それでも、全国で73校が予選に参加。1日3試合が組まれるのも当たり前の強行日程ばかりでハプニングも多かった。その1つが、山陰代表をかけた鳥取中（現・鳥取西／鳥取）と杵築中（現・大社／島根）の試合。過去に応援団同士の暴行事件も起きた因縁の対決であり、混乱を避けるため、両校は全国大会の開幕3日前に、大阪豊中の地で代表決定戦を実施。負けた杵築中は大阪まで出向いたにもかかわらず帰路につくことになった。

「大阪まで野球をやりにいくとは何ごとか！」

代表校が決まっても、遠方の学校は大阪にまで来るのも大変だった。東北代表の秋田中は11人しか部員がいなかったにもかかわらず、そのうちの1人は親から「大阪まで野球をやりにいくとは何ごとか！」と猛反対され、10人で参加することに。それでも、どうにかこうにか大阪に集まった10校（秋田中、早稲田実、山田中、京都二中、神戸二中、和歌山中、広島中、鳥取中、高松中、久留米商）が、栄えある初代出場校となったのだ。この時から100年後の2015年、彼らの後輩たちが「レジェンド10」として再び全国の舞台に立つことになるとは、誰が想像できただろうか。

こうして、のちに「甲子園」と呼ばれる100年物語の幕が開いた（P86）。

駒苫・田中将大vs早実・斎藤佑樹 決勝再試合の余韻

2006年夏

全国制覇をかけた決勝戦での「引き分け再試合」は、歴史上でたった2回。1度目は1969年、第51回選手権決勝、松山商（愛媛）と三沢（青森）の一戦（P184）。2度目が2006年、第88回選手権決勝、駒大苫小牧（南北海道）と早稲田実（西東京）との試合だ。史上2校目の「夏3連覇」を目指す駒大苫小牧の田中将大と、27回目の出場で夏初制覇を目指した早稲田実の斎藤佑樹、両エースによる壮絶な投手戦がくり広げられた。

世代最強エース・田中vsスタミナの鬼・斎藤

田中将大といえば、前年夏の決勝でも登板し、2年生ながら優勝投手に輝いた「世代最強エース」（P92）。斎藤佑樹は、この大会で一躍注目を集めた存在。1回戦から準決勝まで5試合をほぼ完投、投げるたびに球威を増すスタミナが驚異的だった（P202）。迎えた決勝は予想どおりの投手戦となり1対1で延長戦へ。斎藤にとって最大のピンチは延長11回表、1死満塁の場面。攻める駒苫はスクイズを選択するも、斎藤がこれを冷静に見破り、わざとワンバウンドになるボール球で空振り。ピンチを脱した。

結局、規定により延長15回、1対1の引き分けで翌日の再試合へ。斎藤がこの日投げた球数は178球。その中でもっとも速い球は、15回表、最後の打者に投げた147キロ。球場じゅうがそのスタミナに酔いしれた。

948球目は打者・田中にストレート

決勝再試合前、大方の予想は、駒苫が有利。一番の理由は疲労度の差だ。斎藤はこの日が4日連続の登板で、しかも大会7試合目。一方の田中も3連投になるとはいえ、この日が6試合目。リリーフ登板もあったため、斎藤よりも球数は明らかに少なかったからだ。

だが、試合が始まると軽快な動きを見せたのは斎藤。投げるたびに球速とキレは増し、駒苫打線を寄せつけず。8回を終えて4対1と早実がリードし、最終回へ。

9回表、王者・駒大苫小牧も意地を見せ、3番の2ランで1点差に。だが、斎藤は続く4番・5番を打ちとって優勝まであと1人。迎える打者は田中。1ボール2ストライクからの7球目、この日の118球目、決勝2試合で296球目、甲子園での948球目、斎藤の投げた球はストレート。フルスイングした田中のバットは空を切りゲームセット。勝って涙する斎藤と、負けて笑顔の田中。そのコントラストが夏の終わりの余韻となった。

EIKO

［P 14］「高校野球史上最高の試合」箕島（和歌山）vs 星稜（石川）の延長18回裏サヨナラ、幕切れの瞬間。
マウンドにカットに入っているのが「ドラマを生んだ落球」加藤直樹一塁手。
3時間50分に及んだ死闘は、ゲームセットは19時56分。
日本じゅうが夕食を取りながら固唾を飲んだ。1979年8月16日。

2006年夏

009/100

智弁和歌山vs帝京
史上最高の激闘は
名将2人の執念から

名将対決として注目された、2006年夏、第88回選手権準々決勝。高嶋仁（P74）率いる智弁和歌山（和歌山）対、前田三夫（P172）率いる帝京（東東京）の一戦。強打自慢同士だけあって、8回までに両校合わせ5本のホームランが乱れ飛ぶ展開に沸く甲子園。試合は8対4と智弁和歌山が4点をリードして、運命の最終回へと突入する。

9回、4点を追うから4点リードに

9回表、4点を追いかける帝京は、この回先頭の代打、沼田隼が凡退するも、その後、2死一・二塁として、4番中村晃の安打を皮切りに5者連続安打で一挙5点を奪い逆転。なおも走者2人を置いて、再び打席が回ってきた沼田隼がレフトスタンドへ3ランホームラン。結果的に名将の代打策がハマる形になって、この回一挙8得点。4点を追う立場だった帝京が、12対8と逆に4点のリードを奪うことに成功した。

智弁和歌山の高嶋は、ここで2番手投手から3番手の松本利樹に交代。わずか1球で次の打者を仕留め、ようやく、長い長い帝京の9回表の攻撃が終わった。

1球勝利投手と1球敗戦投手が！

まさかの大逆転劇を演じた帝京だったが、実はこの逆転劇を成功させるため、ある犠牲を払っていた。投手の打順で代打・沼田を起用したため、9回裏を任せられる投手がいなくなったのだ。前田は急遽、センターの選手をマウンドへ送ったが、制球が定まらず四球を連発。迎えた智弁の4番打者に3ランを打たれ、1点差に詰め寄られてしまう。

なおも続くピンチで前田が次にマウンドへ送ったのが、1年生ながらショートのレギュラーだった杉谷拳士。ところが、杉谷は初球でいきなり死球を与え、1球で降板。その後、智弁の代打策が見事にハマって12対12の同点に。最後は1死満塁から押し出し四球を選んだ智弁和歌山がサヨナラ勝ち。13対12という激闘に終止符が打たれた。

これだけの混戦&大打撃戦だけあって、この1試合で様々な大会記録が生まれた。両校合わせて1試合7本塁打（智辯＝5本、帝京＝2本）、智弁のチーム1試合5本塁打はともに大会最多記録。また、珍記録としては、1球勝利投手と1球敗戦投手が同時に誕生。勝利投手は、9回表2死から登板して1球で打ち取った智弁の松本利樹。負け投手は9回裏に登板し、死球でサヨナラのランナーを出してしまった帝京の杉谷拳士だった。

金属バット時代を制した公立の雄・池田「やまびこ打線」の衝撃

1982年夏 1983年春

甲子園のアイドルを襲った超パワー打撃

公立校として史上初の春夏連覇を成し遂げた、1979年の和歌山県立箕島高校（P68）。彼らと入れ替わるように、80年代前半、公立最強の座を引き継いだのが徳島県立池田高校だ。その代名詞が、打てば響く「やまびこ打線」だった。

高校野球史をひもとくと、時代時代で印象的な「打線」が甲子園で快音を響かせてきた。1950年夏、第32回選手権で決勝進出を果たした鳴門（徳島）の「うず潮打線」。1974年夏、第56回選手権を制した銚子商（千葉）の「黒潮打線」などが代表例だ。

この黒潮打線が活躍した74年夏から導入されたのが金属バット（P24）。フルスイングをすれば、かつてない飛距離と打球速度が生まれるこのバットを最大限に活かすべく、ウェイトトレーニングによる筋力アップで破壊的な攻撃力を手にしたのが「やまびこ打線」。「打て」のサインしか出さない「攻めダルマ」蔦文也監督（P82）の野球観の集大成だった。

そんな「やまびこ打線」が猛威をふるった象徴的な試合がある。1982年夏、第64回選手権準々決勝の早稲田実（東東京）戦だ。5季連続出場を果たし、優勝候補として最後の夏に臨んだ「甲子園のアイドル」荒木大輔をメッタ打ち。毎回&全員の20安打を放ち、14対2で圧勝。2年生スラッガー水野雄仁は、リリーフ登板した石井丈裕からの満塁弾を含め、ホームラン2本の大活躍。「阿波の金太郎」の名で呼ばれるようになった。

早実戦での猛打ぶりで注目を集めた池田は、決勝でも「守りの広商」と言われた広島商（広島）を12対2で圧倒。前例のないパワー野球で高校球界の頂点に立った。エースで4番の畠山準と水野雄仁という、ともにドラフト1位でプロ入りを果たす2人を中心に放ったヒット数は大会通算85本で、うちホームラン7本。どちらも大会新記録だった。

史上4校目の夏春連覇

池田は翌83年春、第55回センバツ大会でも猛打爆発。1、2回戦をどちらも2ケタ得点で制すると、一気に決勝へ。守っては、新エースの水野雄仁が5試合45イニングを投げて自責点0。決勝も2安打完封と投打に圧倒し、史上4校目の夏春連覇を達成した。

同年夏、史上初の3季連続優勝は、準決勝で桑田・清原の1年生コンビ擁するPL学園（大阪）に敗れ実現ならず。だが、時代を先取ったパワー野球は衝撃的な強さだった。

阪神園芸奮闘記 土とともに生き 芝を愛でる男たち

1983年ほか

「土《つち》守《もり》」と呼ばれる男たちがいる。甲子園のグラウンドを誰よりも知る、阪神園芸の熟練の職人たちだ。２０１４年夏の第96回大会、開幕を前に台風が阪神方面を襲った際には、「明日の甲子園初日。開幕カードは『台風vs阪神園芸』です」といったツイートが大いに拡散されるほど、高校野球ファンにとってはおなじみの存在といえる。そんな阪神園芸には、伝説の土守、と呼ばれる2人の人物がいた。

「土は生きものや」藤本治一郎

「甲子園の初代土守」「伝説のグラウンドキーパー」の名で呼ばれたのが、約半世紀に渡って甲子園の土と芝生を見守り続けた藤本治一郎だ。甲子園球場完成の翌年（１９２５年）に生まれ、小学生の時には早くも甲子園のグラウンドボーイを体験。15歳で、日本のグラウンドキーパーの先駆者・米田長次に弟子入りを志願した。だが、折しも戦火は激しさを増し、大会の中止でグラウンドは芋畑へと姿を変え、追い打ちをかけるようにアメリカ軍の焼夷弾までもが突き刺さる有様だった。

平和が訪れると、藤本は荒れに荒れた甲子園のグラウンドを必死に甦らせていった。口グセは「土は生きものや」。季節に合わせて土の配合を変え、雨が多い春は水を吸いやすい白い砂を多めに、まぶしい夏は白球が見やすいように黒土を増やす独自の配合比に辿り着く。1995年に亡くなった際には、棺桶にトンボのミニチュアが入れられたという。

「冬芝革命」を起こした辻啓之介

そんな藤本の弟子としてしごかれたのが、藤本の娘と結婚した辻啓之介。辻の大きな功績は、藤本とともに芝の研究に時間を費やしたこと。夏だけでなく春も瑞々しい芝の上でプレーしてほしいと、ゴルフ場の芝の生育研究をする知人の協力も仰ぎ、芝の品種、長さを数年がかりで研究。その結果、秋に種を蒔くと1週間後に発芽し、翌年5月頃に枯れるアメリカ産の冬芝「ペンハイン」に着目。1982年9月、失敗覚悟で種を蒔くと、順調に発芽。翌83年春のセンバツは、初めて青々とした芝生の上で開催されたのだった。

そんな先人たちの知恵と技を継承し、最新機材や雨雲レーダーなども駆使しながら、球児たちのための最適な舞台を作り続けてくれる阪神園芸のみなさん。負けた学校の選手が思い出の土を集めやすくするトンボがけも含め、ドラマを演出する陰の功労者なのだ。

「大ちゃんフィーバー」早稲田実・荒木大輔 甲子園も日本も揺れた

名門校の1年生エースが甲子園を沸かせたのは、1980年夏、第62回選手権。ヒーローの名は、早稲田実（東東京）の荒木大輔だ。端正な顔立ちと1年生とは思えない快投の連続は、甲子園に「大ちゃんフィーバー」という一大旋風を巻き起こした。

決勝まで44回1／3無失点

東東京大会で好投を見せていたといっても、あくまでもケガをしたエースの代役。当初、甲子園にやってきた荒木の評価は高くなかった。それが一変したのが初戦のマウンド。地方大会でのチーム打率が出場校中最高という強打を誇った優勝候補の北陽（大阪）相手に、1安打完封勝利。この日を境に、甲子園は荒木大輔に夢中になった。

続く2回戦は8回3分の1を投げて3安打無失点。3回戦から準決勝は3試合連続完封。計5試合で44回3分の1連続無失点という圧巻のピッチングで、決勝戦進出の原動力となった荒木。大会記録である「45イニング連続無失点」の更新、そして、名門・早稲田実にとって悲願の夏初制覇へ。2つの偉業をかけて決勝のマウンドに臨んだ。

決勝の相手は、大会屈指の左腕、愛甲猛を擁した横浜（神奈川）。荒木はこの試合、いきなり1回裏に失点してしまい、連続無失点記録はストップ。その後もなかなか立て直すことはできず、3回5失点で途中降板。チームも4対6で敗れ、準優勝に終わった。それでも、1年生らしい初々しさと、それに似つかわしくない緩急を織り交ぜた大人のピッチング。そして爽やかな笑顔は、瞬く間に全国に女性ファンを獲得した。

「大輔旋風」から「大輔旋風」へ

荒木はその後、3年夏まで5季連続で甲子園に出場。そんな荒木をひと目見ようと、甲子園人気はどんどん高まりをみせた。最後の夏、どうしても手にしたい優勝をかけて臨んだ82年の選手権では、準々決勝で「やまびこ打線」と恐れられた池田（徳島）と対戦（P34）。2対14という大敗を喫し、荒木大輔の甲子園を巡る冒険は終わりを告げた。

だが、それは次の甲子園物語の序章。この当時、荒木人気と活躍にあやかろうと、「大輔」と命名される男の子が続出。その1人が、のちに甲子園のヒーローとなる松坂大輔。皮肉にも、荒木をかつて打ち負かした横浜に入学し、1998年の甲子園で、再度の「大輔旋風」を巻き起こすことになるのだった（P16）。

ダルビッシュ有でも届かなかった東北勢悲願の初優勝

2003年春夏
2004年春夏

日本にはいったい、何人のダルビッシュがいるのだろうか？　体格のいいスター候補が現れると、すぐに「○○のダルビッシュ」といった異名で呼ばれるのは、東北（宮城）時代のダルビッシュ有の輝きがあまりに眩しかったから。だが、そんな大投手をもってしても、「東北勢の悲願」、全国制覇という頂点への道は険しかった。

ケガと不運が続いた高校時代

高校入学時で身長190センチ超え、球速は140キロ超え、変化球も多彩だったダルビッシュ。ただ、成長痛に悩まされ、試合で無理ができない悩みを抱えていた。

甲子園初登場となった2003年春のセンバツでは、女性ファンに囲まれた際に腕を引っ張られて負傷する不運もあって2戦目で敗退。雪辱に燃えた同年夏の第85回選手権では、1回戦を腰痛で途中降板という不安な船出。2回戦、3回戦は1人で投げきったものの、準々決勝で右足のすねを痛め、準決勝は登板回避。満身創痍で臨んだ決勝の相手は、大会終了後の勇退を表明していた名将・木内幸男監督（P110）が率いる常総学院（茨城）。大方の予想は、最速149キロを誇るダルビッシュ有利。だが、そこは百戦錬磨の木内マジック。体調が万全でないなら変化球でかわしてくるはず、と変化球狙い。ダルビッシュは痛みをこらえて完投したが、12安打を浴び、2対4と敗戦。「自分のせいで負けた。来年は誰にもかすらせない球を投げたい」と語ったダルビッシュの目は赤かった。

ノーヒッターを演じても……

「誰にもかすらせない球を投げたい」と語ったダルビッシュは、翌春、第76回センバツ大会の1回戦、熊本工（熊本）戦でノーヒットノーランという形でほぼ有言実行。いよいよ東北勢初の優勝か、と期待されたが、2回戦で右肩を痛めて途中降板。続く準々決勝、済美（愛媛）戦ではレフトの守備位置に就いた。試合は9回裏、東北があとアウト1つまで6対4とリードしながら、まさかのサヨナラ3ランを打たれて敗退。レフトを守っていたダルビッシュは、自分の真上を飛んでいくそのホームランを、ただ見送ることしかできなかった。

迎えた高校最後の夏、第86回選手権。1回戦、2回戦を連続完封と圧巻の投球を見せたが、3回戦は延長の末に力尽き1対3で敗退。ダルビッシュは「最後の打者」として打席に立ち、見逃し三振。史上最高の才能をもってしても、東北の悲願には届かなかった。

スタンドに亀裂が…阪神淡路大震災でセンバツ開催の危機

1995年春

復興センバツ。そう銘打たれたのが、1995年の春のセンバツだ。開幕わずか2ヶ月前、1月17日に起きた「阪神淡路大震災」は、死者6434人を出す未曾有の大惨事。最大震度7の揺れは、築70年の阪神甲子園球場のグラウンド、スタンドに亀裂を入れるといった物理的な被害をもたらし、被災地のど真ん中ともいえたこの場所で開催することは、当初、否定的な意見も多かった。

アルプスに「希望」とPLの人文字が

主催者側はまず、2月1日に予定していたセンバツ出場校を決定する選考委員会の延期を発表。他競技や各種イベントは次々に中止や延期が発表され、空気的には「野球どころではない」という状況が続いた。それでも、甲子園球場の修復工事や宿舎・練習場の確保にメドが立ったこと、何より球児のひたむきなプレーが被災者を勇気づけるとの判断から、

2月17日にセンバツ開催が決定。4日後の21日には出場32校が発表され、今大会では例外的に被災地の兵庫から3校（報徳学園、神港学園、育英）が選ばれた。

3月25日、第67回センバツ大会が開幕。右中間スタンドには主催者による「復興・勇気・希望」の文字。左中間スタンドには兵庫県と西宮市による「全国のみなさん、温かいご支援感謝します」の文字が掲げられる中、選手入場。入場行進曲はSMAP「がんばりましょう」。開会式では黙祷が捧げられ、試合では鳴り物を使っての応援を自粛した。そこで、PL学園はスタンドの人文字で「希望」と描くことで被災地へエールを送った。

被災地兵庫3校の躍進

この復興センバツを制したのは、初出場の観音寺中央（香川）。また、兵庫からの3校は、練習などほぼできない状況にもかかわらず、いずれも初戦突破。報徳学園が0対3の劣勢から終盤の7回、8回でひっくり返す「逆転の報徳」らしさ（P198）を発揮。神港学園はベスト8まで進出し、大会を大いに盛り上げた。球児たちの中には「野球をすることが本当に被災者の励みになるのか？」と葛藤を抱えながらプレーした選手も少なくなかったというが、「懸命なプレーに励まされた」との声が被災地から届いたことも間違いない。

この教訓、野球が持つ〝励ましの力〟に対する気づきは、16年後の2011年、東日本大震災からわずか12日後に開幕した第83回センバツで生かされることになる（P220）。

015/100

「甲子園カレー」と「かちわり氷」は高校野球グルメの頂

夏 1924年
夏 1957年

「大阪にはう〜まいもんがいっぱいあるんやでー♪」関西だけでなく、東京の保育園でも愛されるこの歌のとおり、甲子園球場でもうまいもんがいっぱい野球ファンを出迎える（甲子園は大阪ではない、というツッコミはさておき）。そんな甲子園フードの中でも歴史と伝統を誇る二大名物、といえば「甲子園カレー」と「かちわり氷」だ。

球場職員の手作りだった「甲子園カレー」

甲子園カレーの歴史は、球場の歴史でもある。甲子園で初めてカレーが販売されたのは、球場ができた1924（大正13）年8月。日本最先端の場所なのだから日本最先端の味を、と大正時代にはまだとてもハイカラな食べ物だったカレーの提供が始まった。当初は球場職員が手作りし、食堂などで販売。もりそばが1杯10銭だった時代にカレーはコーヒー付きで1杯30銭。かなり高級な球場フードだったがすぐに人気を博し、球場の名物フードとなった。

球場内で手作りしていたのは1980年まで。以降、伝統の味は継承しつつも、近隣の食品メーカーによる缶入りに変わり、さらにはレトルトパックへと変化を遂げた。かき入れ時はやはり高校野球シーズンで、センバツ期間中には約4万食、8月の選手権期間中には約9万食が飛ぶように売れる。夏の大会来場者が多い時で90万人なのだから、約10人に1人は食べている計算になる。歴史、人気、両面において、まさに甲子園の味なのだ。

冷やして良し味わって良しの「かちわり氷」

「かちわり、いかがっすかー」。夏の甲子園に響く売り子のこの声を聞いて、ようやく甲子園に来たと感じるファンも多いのではないだろうか。1袋に約400グラムの氷が入って税込み200円。顔や首に押し当てるも良し。ストローも付いてくるので、溶けた水を飲んで涼を感じることもできる。

この「かちわり氷」の販売開始は1957年の夏、第39回大会から。それ以前にも、それこそ第1回大会のあった1915年当時から球場内で砕いた氷を販売するスタイルはあったが、金魚すくいの袋をヒントに、「これなら溶けても飲めるし、頭も冷やせる」とストローを付けて売り出したことで大ヒット商品になった。こちらは夏の大会期間中に約11万個販売。熱い声援を送るファンの熱中症対策としても、欠かせないアイテムなのだ。

016/100

骨折した腕を吊って投げ続けた男「泣くな別所」

1941年春

日中戦争の火勢が激しさを増しつつあった1941年春、第18回センバツ大会で、伝説の死闘が生まれた。多くの場合「死闘」と書くと仰々しくなるが、腕を骨折しながらマウンドに立ち続けた男がいたのだから、まさにそう呼んでいいだろう。主人公の名は別所昭。のちに毅彦と改名し、プロの世界で日本人初の300勝投手になる男だ。

制止を振り切って本塁突入で左腕が……

この大会で優勝候補の一角に挙げられていたのが、豪腕エースの別所や、のちにプロの世界で「ジャジャ馬」で名を馳せる主砲・青田昇のいた滝川中（兵庫）だった。

初戦を6対0で快勝し、続く準々決勝の相手は前年優勝校の岐阜商（岐阜）。0対1と滝川中が1点を追いかける形で最終回の攻撃。1死ながら二塁にランナーを置き、バッターボックスには別所。岐阜商はここで別所を敬遠し、4番青田との勝負を選択。

期待された青田だったが打球は平凡なサードゴロ。万事休すかと思いきや、ここで岐阜商の三塁手が一塁へ悪送球。ボールが転々とする間に二塁から同点のランナーがホームイン。さらに、一塁ランナー別所も勝ち越し点を狙い、三塁コーチャーの制止も聞かず本塁へと突進する。結果はライトからの好返球でタッチアウト。そして次の瞬間、ホームベース脇でもんどり打って苦しむ別所の姿があった。左腕が折れていた。

キャッチャーからマウンドへの返球がゴロで

利き腕ではないにせよ、腕を骨折してしまったエース。だが、別所は自ら続投を申し出、応急手当で左腕を布で吊り、延長のマウンドへと上った。だが、左腕の反動が使えないため、別所は投げたこともない下手投げに挑戦。キャッチャーからの返球はゴロ。悲壮感が甲子園を包む中、延長10回、11回の2イニングを無失点に抑えた。一方の岐阜商は、バント攻撃をすれば攻略できるのは明らかなのにそれをしない武士道精神。

だが、延長12回、とうとう痛みに耐えきれなくなり別所は降板。滝川中は一度も登板機会のない選手がマウンドに立つことになり、延長14回裏、1点を取られて遂に決着。翌日の毎日新聞神戸版には、「泣くな別所　センバツの花だ」の見出しが踊った。

のちに別所はこの試合のことを聞かれると、熱っぽい語り口でこう答えたという。

「歯を食いしばって投げ続けたことが、その後の野球人生の大きな支えになった」

1951年 春

アルプス応援団物語 バンザイ、人文字 象に揺れた甲子園

アルプススタンドに陣取る、出場校同士の応援合戦。これもまた、高校野球ファンを楽しませてくれる甲子園ならではの風景だ。ただ、この応援スタイルは一朝一夕に成り立ったものではない。そんな甲子園の応援史をひもといてみよう。

始まりはドンチャン騒ぎ

甲子園球場が開場した当時、これほど大きな場所と人の前で応援したことがある学校などもちろんなく、どの学校も見よう見まねで応援方式を試行錯誤。そのため、統率がとれていない学校はあたり前、ただのドンチャン騒ぎになる学校も少なくなかった。

もっとも、戦争で大会が中止になる直前の甲子園では、派手な応援は禁止。閉会式は万歳で終わりにしなければならず、観客は総立ちで「万歳三唱」をくり返した。軍人や官僚が幅を利かせ、専用の観戦席ができるなど、甲子園のスタンドは混迷を極めた。

だが、戦後、日本の復興と歩調を揃えるように高まりを見せた高校野球人気。その勢いを受け、甲子園の応援スタイルもさまざまな形式が見られるようになった。戦前では考えられなかった女子チアリーダーの出現、さらには、智弁学園（奈良）や智弁和歌山（和歌山）の「C」や、PL学園（大阪）の「PL」などの「人文字応援」が代表例だ。ちなみに、PL学園の人文字は1962年、春のセンバツ初出場時に初めて披露された説が有力。最初は「P」の1文字だけだったが、次第にレベルを上げ、「GO」や「打て」など多様なバージョンが増えていった。もうあの応援が甲子園で見られないかと思うと残念でならない。

甲子園史上最大の応援

そんな応援スタイルで史上もっとも物議を醸したのが、戦後間もない1951年春、第23回センバツ大会に出場した地元の鳴尾（兵庫）だ。応援を盛り上げようと、甲子園球場のとなりにあった遊園地「甲子園阪神パーク」（現在は閉園）と交渉。なんと本物の象を借りて、レフト通路からグラウンドに入場させたのだ。さすがに試合が始まる前に退場処分となったが、これに怒ったのが当時の高野連副会長の佐伯達夫。「象を借りるほうも貸すほうも非常識。もし暴れたらどうするんだ！」と烈火の如く怒りをあらわにした。

ただ、この象の応援が効いたのか、鳴尾は初出場ながら決勝に進出。決勝でも、9回表までリードしながら最後に逆転負けと、あと一歩まで迫った。応援の力、恐るべし。

1931年夏

「外地」台湾から挑戦 準優勝の嘉義農林 松山商直系の特訓

戦前の大会史を振り返るうえで欠かせない存在に「外地」からの挑戦がある。外地とは、戦前に甲子園出場が認められていた満州、朝鮮、台湾のこと。満州と朝鮮は1921年夏の第7回から、台湾は1923年夏の第9回から参加が認められ、毎年代表校を内地へ派遣。戦局悪化で大会が中止になる1941年まで、外地からの挑戦は続いた。

外地からの出場校で鮮烈な印象を残したのは、1931年夏、第17回選手権での嘉義農林学校（台湾）による準優勝だ。しかも、決勝で敗れた相手がこの大会以降夏3連覇を果たす、黄金時代の中京商（現・中京大中京／愛知）。いかに惜しい敗戦だったかの証左だ。そんな嘉義農林を強豪校に導いたのが、松山商（愛媛）出身の近藤兵太郎だった。

松山商初代監督が強豪チームを

近藤は1918年に松山商の初代野球部監督となり、翌年には同校を初の全国大会出場へと導いた名将だった。そんな近藤が台湾に赴任し、嘉義農林の監督に就任。松山商直伝のスパルタ式訓練で選手を鍛え上げていった。さらには蕃人（台湾原住民）・漢人・日本人の3民族の融和点を見つけて強豪チームへと育て上げ、台湾代表の座をつかみ取ったのだ。

こうして甲子園初出場を果たした嘉義農林は、台湾人が見せる健脚ぶりと、巨漢揃いの選手たちによる豪快な打撃で観客を魅了した。初戦の神奈川商工（神奈川）戦では5盗塁。準々決勝の札幌商戦では20安打8盗塁と甲子園で暴れまくり19対7と大勝。準決勝の小倉工（福岡）戦も10対2と打ち勝って、決勝に進出した。だが、中京商のエース・吉田正男（P178）は攻略できず0対4で敗退。頂点には惜しくも届かなかった。

3日続きで40イニングの死闘

嘉義農林は甲子園に春夏合わせて計5度出場。台湾大会でもさまざまな名勝負を演じた。中でも伝説として語り継がれているのが、1941年の夏、台北工との死闘だ。

両軍エースが好投し8回までゼロ行進。ところが、ここで大雨が球場を襲い、引き分け。翌日の再試合も投手戦となり、今度は7回に雨が降ってまたも0－0の引き分け。翌日の再々試合では1対1で延長戦に突入すると、そこから三たびゼロ行進。ようやく決着がついたのは、なんと延長25回裏、嘉義農林のサヨナラ勝ち。3日間に及んだ熱戦の合計試合時間は5時間45分、総イニング数は40回にも達した記録的な大試合だった。

2012年 春夏

「史上最長身投手」藤浪が立った頂上 大阪桐蔭の春夏連覇

10年に1度あるかないかの難しい偉業、春夏連覇。だが、2010年に興南（沖縄）が史上6校目の達成校（P132）となってからわずか2年後の2012年、早くも次の連覇校が誕生した。「21世紀最強チーム」の呼び声も高い大阪桐蔭（大阪）である。牽引したのは、身長197センチのエース、「大会史上最長身投手」藤浪晋太郎だった。

全試合150キロ超えは史上初

小学6年にして180センチ、中学卒業時で194センチと、文字どおり「頭1つ抜けた存在」だった藤浪は、名門・大阪桐蔭でも1年夏からベンチ入り。だが、甲子園出場には手が届かない日々。この雌伏の経験から、内容よりも結果（勝利）を重視する、藤浪の投球スタイルが出来上がっていった。

甲子園初登場は、3年春の2012年、第84回センバツ大会。1回戦の相手は、こちらも身長193センチの超大物、大谷翔平擁する花巻東（岩手）。「190センチ・150キロ右腕対決」と騒がれる中、大谷にホームラン1本は許したものの、試合には勝利。その後の試合も、ピンチは迎えても要所を締める投球で勝ち上がると、決勝の相手は青森代表の光星学院（現・八戸学院光星）。藤浪はこの試合でもヒット12本を許しながら、試合には7対3で勝利し、見事センバツ優勝を達成。終わってみれば、登板5試合すべてで150キロ以上を計測。これは大会史上初のことだった。

決勝戦史上最多タイの14奪三振

「春勝っても、夏勝たなければ意味がないんです」と自ら語り、春夏連覇を目標に掲げて迎えた同年夏、第94回選手権。初戦から14奪三振、準々決勝でも13個の三振を奪う好投で相手を圧倒すると。続く準決勝でも、強豪・明徳義塾（高知）を相手に2安打しか許さず完封勝利。センバツ以上のすばらしい投球内容で決勝戦に進出した。

決勝の相手は、センバツに続いてまたもや光星学院。春には12本ものヒットを許した相手だったが、準決勝と同じく2安打に抑え、決勝戦史上最多タイの14奪三振の好投で2試合連続完封勝利。最後の打者を152キロのストレートで空振り三振に仕留めた瞬間、両手を突き上げて喜びを爆発させた藤浪。誰よりも高く立てるマウンド上で、誰よりも背の高い男がつかんだ頂点は、史上7校目となる春夏連覇の偉業だった。

020／100

「甲子園のツタ」と「甲子園歴史館」と大リニューアル工事

2007年
2010年

甲子園球場が築80年を過ぎた2007年秋、3年に及ぶ大規模リニューアル工事がスタートした。施工を請け負ったのは大林組。1924年の甲子園竣工も手がけた（P22）同社だからこそ、歴史と伝統を継承しながら、施設の安全性や快適性を高めるコンセプトを重視。そこで課題となったのが甲子園のシンボル、「甲子園のツタ」の存在だった。

全国の高校から「ツタの里帰り」

球場が完成した1924年の冬、「コンクリートだけの外壁は殺風景すぎて味気ない。ツタならコンクリートに絡みついて、古城のような風格が出るかもしれない」と植栽されたツタ。その後、何年もかけて育ったツタの葉は8000畳分もの広さになり、「緑のカーテン」として甲子園のシンボルとなった。球児たちの活躍を見守り続けただけでなく、このツタのおかげで、夏場には球場室内の温度が外と比べて5度から10度ほど低くなる効果もあるという。

だが、甲子園リニューアル工事に伴い、いったん伐採。再植樹にあたって活用されたのが「ツタの里帰り」プロジェクトだった。2000年夏、「20世紀最後の選手権」を記念し、全国約4000の高校にツタの苗木を贈呈。こうして各学校で育ったツタから状態のいい苗を集め、再び甲子園の外壁に植樹されたのだ。2009年3月には里帰りしたツタと養生地で育成されたツタの再植樹が完了。かつてのようにツタが甲子園を覆うまでには約10年かかる予定……つまり、目安は「夏の甲子園第100回大会」を迎える2018年。球場は昔のように緑のカーテンをまとい、球児たちの来訪を待ちわびる。

4253球の「ボールウォール」

甲子園リニューアル完了に合わせ、2010年3月14日、球場レフト外野スタンド下に誕生したのが甲子園歴史館だ。甲子園球場を本拠地にするプロ野球・阪神タイガースの資料以上に、高校野球の展示物は充実。各時代に生まれた名勝負・名シーンの数々や歴代優勝旗、長い歴史の中で輝いた名選手たちを、懐かしい映像や写真、貴重な展示品を通じて紹介している。中でも圧巻なのは、高野連加盟校数を表す4253球の白球を並べた「ボールウォール」。甲子園出場経験のある学校はボールに校名を印字。まさに、歴史にその名を刻んでいるのだ。

1992年夏

021/100

「5打席連続敬遠」バットを振らずして伝説になる松井秀喜

ラッキーゾーンが撤去され、迎えた1992年。甲子園を席巻したのが、「ゴジラ」と呼ばれた星稜（石川）の松井秀喜だ。春のセンバツでは、1試合7打点に2打席連続&2試合連続ホームランなど、当時の大会記録を次々達成。ラッキーゾーン撤去で本塁打減が予想されたからこそ、超高校級のパワーと打撃センスが際立つことになった。

迎えた同年夏の選手権。星稜は初戦を11対0と大勝。この試合を見て、「高校生の中に1人だけプロがいる」と松井を評したのが、次戦の相手、明徳義塾（高知）の馬淵史郎監督。勝つ可能性を少しでも高めるため、松井とは勝負しないと試合前にすでに決めていたという。それが、甲子園史を揺るがす「松井秀喜5打席連続敬遠」の種だった。

敬遠、敬遠、敬遠、敬遠。喧騒が増す甲子園

第74回選手権、星稜vs明徳義塾の試合。松井秀喜の全打席を振り返ってみよう。

1回表の第1打席。2死三塁というチャンスで敬遠。

3回表の第2打席。1死二・三塁という大チャンスだったがまたも敬遠。

5回表の第3打席。1死一塁の場面でまたしても敬遠……。ここまではランナーがいる場面だからこその松井敬遠。その作戦は理解しつつも、甲子園は少しずつ騒がしくなっていた。試合は、星稜が1点を追う展開で終盤7回へ突入する。

喧騒は球場の枠を越え社会問題に

7回表の第4打席。2死走者なし。さすがに勝負！　と思う中、またしても松井敬遠。ついに観客から「逃げずに勝負しろ」というヤジが飛び交い始める。そして1点差のまま9回表の第5打席……2死三塁。単打でも同点という場面でやはり敬遠。明徳義塾への不満と抗議でメガホンやゴミなどが投げ込まれ、試合が一時中断する騒ぎとなった。

再開後、次の5番打者が倒れ、ゲームセット。だが、喧騒は球場の枠を越え、日本じゅうで議論を起こす社会問題へと発展。松井との勝負を避けて試合に勝った明徳義塾の戦い方は賛否を呼んだ。正解はきっと1つではない。だが、たしかなことが1つ。この試合で1度もバットを振らせてもらえなかったことが、かえって松井秀喜の評価と価値を高めたということだ。3ケ月後に行われたプロ野球ドラフト会議では、4球団が松井を1位指名。「5打席連続敬遠」は、のちにメジャーまで続く「ゴジラ松井伝説」の序章だった。

湘南ボーイの奇跡 深紅の優勝旗は箱根の山を越えて

1949年夏

無欲の勝利、という言葉がある。まさにこの言葉の力を体現したのが1949年夏、第31回選手権で初出場初優勝という快挙を遂げた神奈川の湘南高校だ。大会前に掲げていた目標は「1つぐらい勝とうじゃないか」。この年、創部わずか4年目という無名の湘南ボーイたちは、ひとつどころか全国の舞台で4連勝し、頂点をつかんだ。

快進撃を支えた「花の6、7番」

坊主頭が当然だった高校野球の世界で、極めて異質な全員長髪、という湘南ナイン。率いていたのは慶応義塾大学野球部出身の佐々木久男。そして、1年生ながらレフトのレギュラーだったのが息子の信也。父子鷹のチームでもあった。

2回戦から登場した湘南は、初戦で徳島の城東（旧制・徳島商）と対戦。2年前のセンバツで優勝経験のあるこの名門校相手に全員がよく打ち、9対3で大勝してしまう。

「1つぐらい勝とう」の目標をクリアし、あとはもう無欲の進撃。準々決勝を7番佐々木信也のサヨナラヒットで勝ち上がると、準決勝では〝怪童〟と呼ばれた中西太擁する高松一（香川）と対戦。2対2で迎えた延長10回裏、今度は6番の宝性一成がサヨナラヒットを放ち、またも勝利。この大会では、6番宝性、7番佐々木の2人が大活躍。「花の6、7番」と呼ばれた。

箱根の山を越えた深紅の優勝旗

そして迎えた岐阜（岐阜）との決勝戦。3回まで0対3とリードを許すが、4回に佐々木の二塁打で1点を返すと湘南ペースに。6回には「花の6、7番」でチャンスを作ってあっという間に同点に。さらに8回、またも宝性、佐々木の連続ヒットから2点を追加。これが決勝点となり、5対3で湘南が「無欲の優勝」を勝ち取ったのだ。関東勢の優勝は、1916年第2回大会の慶応普通部（東京）以来、実に33年ぶり。この大会期間中、競泳・自由形の古橋廣之進がアメリカ・ロサンゼルスで世界新記録を樹立。「フジヤマのトビウオ」として一世を風靡したが、湘南の優勝もまた、「深紅の優勝旗が箱根の山を越えた」と大きな話題を集めた。

佐々木信也はその後、慶応大からプロ野球の世界に進み、引退後は「プロ野球ニュース」（フジテレビ）初代キャスターとして野球人気の発展に寄与している。

1954年夏

校長室から消えた優勝旗のミステリー 85日間も行方不明！

殺人事件レベルの捜索活動も……

全国の球児たちが目指す、甲子園大会の優勝旗。それぞれの旗の色から、夏は〝深紅の優勝旗〟、春のセンバツは〝紫紺の優勝旗〟と呼ばれている。1954年11月、この優勝旗をめぐるミステリーのような事件が起きる。

事件の舞台は、その年の第36回選手権で優勝した中京商（現・中京大中京／愛知）。深紅の優勝旗が、ある日突然、飾ってあった校長室から姿を消し、行方不明になったのだ。

これには当然、学校じゅうが大騒ぎ。高校野球にとって大事な優勝旗を失っては一大事！と、学校側は全生徒も動員して校内をくまなく捜し回った。が、どこにもなく、校舎周辺の山の中まで捜しても見つからない。あわてた学校は警察に相談。40～50人の警察官が出て、殺人事件レベルの捜索活動が行われたが、解決の糸口すら見つからず。さまざまな憶測が飛び交い、ある野球部員は家まで捜索されるなど散々な思いをしたという。

年も明けて55年2月、事件も迷宮入りか……とあきらめかけた頃、中京商からわずか600メートルしか離れていない中学校の床下で、風呂敷に包まれた優勝旗が発見された。見つけたのはその中学に出入りしていた大工で、廊下の修繕中に偶然発見。捜索を始めてから85日後のことだった。

ちょうど練習中だった中京商ナインも駆けつけて優勝旗と再会。涙を流した選手もいた。このニュースを聞いた全国の高校野球ファンもホッと胸をなで下ろしたが、一方で、旗を奪った犯人も目的も結局わからないまま。そして、この事件以降、優勝旗を銀行の金庫に預ける学校が増え、管理には神経を使うようになった。

１００回大会で新しくなる優勝旗は１２００万！

この消えた優勝旗、実は〝初代〟。第1回大会のあった1915年に製作され、57年の第39回大会まで使用。その後、史上初めて47都道府県の代表校が出場した58年の第40回大会から〝2代目〟に変わり、2017年の第99回大会まで使用された。

そして2018年、夏の甲子園が「第100回大会」となることを記念して、3代目の優勝旗がお披露目。京都の伝統、西陣織でつくられた新優勝旗のお値段、なんと1200万円！　その価値は、球児たちの汗と涙がしみこむことで、もっと高く、尊くなる。

［P 122］国民栄誉賞授賞、世界の王、王貞治さん、
早稲田実（東京）2年時の晴れ姿。1957年、夏の第39回大会では、
延長11回完投のノーヒットノーラン。延長でのノーノーは
春夏通じて唯一、以降60年間達成されていない大記録。

024/100

2007年夏

ミラクル「がばい旋風」無名公立校の佐賀北決勝戦奇跡の満塁弾

どんな激しい練習よりも、甲子園の大観集の前でプレーをすることで成長の階段を一足飛びに駆け上がり、新たな境地にたどり着いてしまうことがある。2007年夏、甲子園を席巻した佐賀北（佐賀）ナインがまさにそうだった。専用グラウンドもない無名の公立校が奇跡的な試合を続けたその活躍ぶりは「ミラクル佐賀北」、または佐賀の方言で「とっても（すごい）」を意味する「がばい」をつけ、「がばい旋風」と呼ばれている。

強豪相手に戦うたびに強くなる

第89回選手権、プレッシャーのかかる大会初日の開幕戦に登場した佐賀北は2対0と見事な完封勝利。続く2回戦、宇治山田商（三重）戦は、延長15回でも決着がつかず、4対4で引き分け。2日後に行われた史上5度目の再試合では打線が爆発し、9対1で勝利。この頃から、周囲の佐賀北を見る目が変わっていく。

3回戦も勝利し、次の準々決勝の相手は名門・帝京（東東京）。この大会でも優勝候補に挙げられていた強敵相手に延長13回の末に劇的なサヨナラ勝ち。その勢いのまま、2日後の準決勝では見事な完封勝利。無名の公立校がついに決勝進出。大舞台で注目され続けたことで、佐賀北ナインは戦うたびにどんどん上手く、強くなっていった。

球場の雰囲気があと押しした奇跡

決勝の相手も広島の名門・広陵。大方の予想どおり試合は広陵ペースで進み、8回表を終わって0対4。広陵のエース野村祐輔と受ける小林誠司のバッテリー相手に、ヒットは1本しか打てず、三振の数はすでに10個に達していた。だが、8回裏、佐賀北にこの試合初の連続ヒットが生まれ、1死一・二塁とチャンスをつかむと、甲子園の空気が一変。この大会で何度も演じてきた「ミラクル佐賀北」を観客が期待し始めたのだ。

球場全体が佐賀北を応援するかのような空気がプレッシャーになったのか、広陵・野村はここから2者連続四球で押し出しの1点が佐賀北へ。3点差となり、なおも満塁で打席には3番の副島浩史。その3球目、副島がフルスイングした打球は高々と舞い上がり、大声援を送っていたレフトスタンドへ。甲子園決勝という大舞台で生まれた、奇跡のような逆転満塁弾。最終回、広陵打線を無失点に抑え、5対4で佐賀北が夏の王者となったのだ。公立校の優勝は実に11年ぶり。佐賀北が起こした〝がばい旋風〟はあまりに鮮烈だった。

1984年夏 1987年春 ほか

025／100

選手宣誓変遷史 〝定形絶叫〟型から〝自分の言葉〟語りへ

英語宣誓や手話宣誓を生み出した京都西

かつては、「スポーツマンシップ」「正々堂々」といったおなじみの言葉を絶叫するだけだった開会式での選手宣誓。大きく変わったのは1984年夏、第66回選手権で、福井商（福井）・坪井久晃主将が、初めて自分自身で考えたメッセージを盛り込んでの宣誓をしてから。以降、〝自分の言葉〟で宣誓するスタイルが定着していく。

毎年、時事ネタや郷土愛を盛り込んでのオリジナリティ溢れる選手宣誓が注目される開会式。その顕著な例として有名なのが、1987年春、第59回センバツ大会での、英語を交えた選手宣誓だ。宣誓したのは、京都西（現・京都外大西／京都）の上羽功晃主将。しかも、単語を忘れてしまい「すみません」と言ってから宣誓し直した微笑ましいエピソードでも話題を呼んだ。また京都西は、1998年春、第70回センバツ大会でも、三好剛主将が「手話付き選手宣誓」を披露。選手宣誓を語る上で、京都西は外せない〝名門校〟だ。

なお、宣誓する主将はどのように決まるのか？　現在、夏の場合は、宣誓を希望する主将を募り、その中から抽選で決めるのが通例。また春は全出場校の主将が全員参加で抽選を行って決定するのが通例だ。もちろん例外もあり、1972年の第54回選手権では、沖縄の本土復帰後初の大会だったことから、名護（沖縄）の主将を選手宣誓に指名。「高校野球100年」という節目の大会だった2015年の選手権では、第1回大会優勝校・京都二中の流れをくむ鳥羽（京都）の主将が特例で指名されるなど、節目の大会や理由がある場合は、高野連会長による指名制が採用されている。

「選手宣誓ジンクス」のウソ

甲子園の季節になると、「選手宣誓をした学校は優勝できない」といったジンクスを耳にしがちだが、これは間違い。選手宣誓と優勝旗授与のダブル栄誉を達成しているのは、センバツでは、1972年の日大桜丘（東京）、1979年の箕島（和歌山）、1996年の鹿児島実（鹿児島）、2015年の敦賀気比（福井）の4校。夏の選手権では、1998年、松坂大輔を擁して春夏連覇を達成した（P16）横浜（東神奈川）を始め5校。もちろん、その数は少ないが、そもそも選手宣誓という大役は、春夏合わせても、まだ200人もいない名誉だということを忘れてはならない。

公立校初の春夏連覇
箕島を強くした「尾藤スマイル」

1979年春夏

春

夏連覇達成校は、高校野球100年の歴史で、たった7校。そのうち6校は私立の野球名門校だ。全国を制するには選手のスカウティングはもちろん、練習設備などの環境面も充実している私立が有利なのは間違いない。そんな中、公立校で唯一、春夏連覇を果たしたのが1979年の和歌山県立箕島高校だ。率いたのは尾藤公監督。サヨナラ勝ちが多く、決勝に出れば必ず優勝したことから、「勝負師」と呼ばれた男だ。

「尾藤スマイル」の原点

箕島野球部OBでもある尾藤が母校を指導するようになったのは1966年秋のこと。すると、監督3年目の68年春、のちにプロでも大エースとなる東尾修を擁してセンバツ初出場。このとき、尾藤監督はまだ25歳。さらに2年後の70年春、こちらものちにプロで活躍するエースで4番、島本講平を擁し、第42回センバツ大会で初優勝。20代にして、甲子園優勝監督の仲間入りを果たした。

尾藤監督といえば、試合中、「尾藤スマイル」と呼ばれた笑顔を絶やさず、選手たちものびのびとプレーするスタイルで有名だ。だが、20代の頃の指導方針はスパルタそのもの。ノックをする時の目が殺気立っていたことから、選手からは「日本刀」と恐れられた。ただ、厳しい指導は、勝っている時は評価されても、成績が伸び悩むと批判の対象となる。センバツ優勝からわずか2年後、成績不振を理由に監督の座を追われてしまう。

以後、2年間はボウリング場で勤務。この間、客のクレームに対して怒りの感情を顔に出さず、笑顔で応対する接客を心がけたことが、「尾藤スマイル」の原点になった。

公立初の春夏連覇達成

1974年、監督に復帰すると、77年春、第49回大会で2度目のセンバツ優勝を達成。そして79年、尾藤と箕島にとってハイライトとなる1年を迎えた。まず、第51回センバツ大会で3度目の栄冠を勝ち取ると、公立校初の春夏連覇をかけ、同年夏、第61回選手権にも出場。3回戦で対戦したのが石川の雄・星稜だった。「高校野球伝説の名勝負」と語り継がれる死闘（P14）を、延長18回の末に4対3でサヨナラ勝ちすると、その勢いのまま決勝戦に。決勝ではこちらも公立の雄、蔦文也監督率いる池田（徳島）を4対3で破り、悲願の全国制覇を達成。ここに、公立初の春夏連覇校が誕生したのだった。

027/100

〝エース〟と〝二番手〟で史上初の春夏連覇

作新学院

1962年 春夏

高度経済成長華やかなりし1960年代。日本が目覚ましく変わっていく中、甲子園では1つだけ変わらないことがあった。それは、どんな名門校でも「春夏」連覇はできないこと。過去、大会連覇や「夏春」連覇を成し遂げたチームは何校もあったが、春夏連覇だけは大きな壁として残っていた。その壁を初めて打ち崩したのが、1962年の作新学院（栃木）だ。だが、偉業達成までの道のりは、やはり険しかった。

エースでつかんだ春の栄光

エース八木沢荘六を擁し、1962年春、第34回センバツ大会に出場した作新学院。準々決勝では、八幡商（滋賀）の駒井征男との投手戦となり、0対0で、センバツ史上初、そして唯一の延長18回引き分け再試合に。翌日の再試合を接戦の末にものにした作新だったが、準決勝の松山商（愛媛）戦も延長16回へ。相手エラーから決勝点をもぎ取り、4時間

18分に及んだ熱戦を制した。日大三（東京）との決勝では八木沢が7安打を許しながら要所を締めて完封。「傷だらけの栄光」と言われた初優勝を手にしたのだ。

偉大なる二番手投手の夏物語

史上初の春夏連覇を目指し、栃木大会を勝ち上がってきた作新学院。ところが、大会直前に大黒柱の八木沢が赤痢の疑いで入院。ほかにも保菌者がいれば出場辞退、という瀬際に立たされてしまう。検査結果が出るまで作新の試合は2日間延期になるという特別措置の末、全員陰性の判定が下ってようやく出場が認められた。

だが、エース不在は変わらず。この緊急事態を救ったのが二番手投手の加藤斌《たけし》だった。初戦を延長戦の末になんとか勝利をもぎ取ると、2回戦は7対0で完封勝利。続く準々決勝の前に八木沢が退院してベンチ入りも認められたが、とても投げられる状態ではなく、作新連覇の夢は、加藤の右肩に託すよりほかはなかった。

それでも、八木沢が戻り明るくなった作新は準々決勝も勝ち上がる。作新とともに優勝候補と目された中京商（現・中京大中京／愛知）との準決勝を2対0の完封勝利で飾ると、決勝でも加藤がまた完封。1対0で接戦をものにし、史上初の春夏連覇を達成した。

加藤は卒業後に中日入りしたが、2年目のオフに交通事故で死亡してしまう。だが、「偉大なる二番手投手」として、その名前と功績は、甲子園史にずっと残り続ける。

大会中止を招いた「米騒動」と「臨戦態勢」

１９１８年夏 １９４１年夏

夏の全国大会１００年の歴史では、代表争いをかけた地方大会は開催されたのに、全国の舞台の幕が開かなかった悲劇の大会が２大会だけある。１９１８年夏の第４回大会と、１９４１年夏の第27回大会だ。

「米騒動」で全国大会中止

１９１８年。第一次世界大戦も終わり、日本が好景気に沸いた時代。だが、この好景気が物価の上昇を招き、さらにはロシア革命に対抗する日本のシベリア出兵などで政府が米を買い入れ、米商人が米の買い占めに走ったことで、米の価格は戦前の４倍に。その結果、７月には富山県で、「米の値段が高過ぎる！」と暴動に発展する「米騒動」が勃発。その騒ぎはすぐに全国へ拡大し、８月12日には大阪で軍隊が出動する大事件となった。

これで困ったのが、８月14日に開幕予定の第４回大会に勝ち上がってきた14代表の球児たち。大会開幕に備えてすでに開催地の大阪・豊中に集まり、組み合わせ抽選も済ませていた。ところが、軍隊まで出動する騒ぎのため、主催者である大阪朝日新聞社は13日に開催延期を発表。その後、16日には大会中止が決定された。宿舎で待機中だった球児たちは、その決定の報をただ聞き入れるしか術はなく、優勝旗は前年王者の愛知一中（現・旭丘／愛知）が持ち帰って、翌年の大会まで保管することになった。

「国を挙げての臨戦体制」で全国大会中止

1941年夏、球児たちをもう1つの悲劇が襲った。時は昭和16年。この年の6月にドイツとソ連が開戦し、翻ってアジアでは日中事変の戦局も深刻化。ついに日本でも、「国を挙げての臨戦体制」がとられることになり、同年7月13日、文部省は学制生徒による全国規模の運動競技会の開催中止を発表した。

それは野球とて例外ではなかった。ちょうど8月13日開幕の第27回大会の1ヶ月前。全国各地ですでに予選の火ぶたが切られ、地区によっては代表校も決まっている状態だったが、文部省からの「大会中止」の通達には従わざるをえず、本大会中止が決定。甲子園を目指していた全国の球児たちが涙を流すことになった。

かくして第4回大会と第27回大会は、全国の舞台こそ開かれなかったが、大会数としてはカウントされ、優勝校空欄のまま歴史に刻まれることになったのだった。

甲子園最多勝監督 智弁和歌山・高嶋仁 高校球界に仁王立ち

1993年夏 1997年夏 2000年夏

90年代後半以降の甲子園で、もっとも安定した成績を残してきた学校といえば、和歌山の雄・智弁和歌山。約40年間率いてきたのは、歴代の高校野球監督でもっとも甲子園での勝利を積み上げてきた、名将・高嶋仁監督だ。

仁王立ちスタイルができるまで

１９７２年、系列の智弁学園（奈良）で監督としてのキャリアをスタートさせ、甲子園春夏合わせて7勝。その後、１９８０年から指導する智弁和歌山では春夏合わせて甲子園に34回出場。２０１８年春のセンバツ終了時点で甲子園61勝。2校あわせて68勝。この数字は、ＰＬ学園（大阪）時代に58勝を挙げた中村順司監督を抜き、ダントツの歴代1位だ。

ベンチ前で仁王立ちして試合状況を見守る姿は、もはや甲子園名物ともいえる。

ただ、そんな名将も初めからずっと勝てていたわけではない。智弁和歌山が甲子園に初出場した1985年春のセンバツから初戦で5連敗。この当時は、ベンチに座って戦況を見守っていた高嶋だったが、何かを変えなければと、ベンチ前で仁王立ちして試合に挑んだ1993年夏、第75回選手権で初勝利。ここから、高嶋の仁王立ちスタイルが生まれたのだ。すると、翌94年春の第66回センバツ大会で、一気に甲子園初制覇を成し遂げた。

少数精鋭・強打の智弁

高嶋の指導におけるこだわりは、すべての選手に目を配るため、1学年10人と少数精鋭部隊であること。そのため、下級生時から豊富なチャンスをもらうことができる。また、少数精鋭だからこそ、投手、野手ともに複数ポジションが守れることを重視。1人の投手に頼らない考えから、エース番号でない選手が実質的エースの場合も少なくない。

また、「強打の智弁」とも称される攻撃力も特徴の1つ。1997年夏の第79回選手権を、当時の大会最高打率・406で制すると、3年後の2000年夏、第82回選手権では大会最高打率を・413に更新（当時）。さらに100安打、11本塁打の大会記録を樹立して2度目の夏制覇を果たしている（P21）。

その後も、平成甲子園強豪校の一角として勝利を重ね続け、高校球界に仁王立ちしてきた高嶋と智弁和歌山。現在は、1997年の夏初制覇時の主将であり、プロも経験した中谷仁がコーチとして高嶋を支え、王座奪還を狙っている。

030/100 1958年夏

「甲子園の土」が海に捨てられた沖縄球児の悲劇

植物検疫法で那覇の海に……

49の代表校が雌雄を決する、夏の甲子園。この出場校数が定着したのは、1978年の第60回記念大会から。47都道府県から各1校ずつ、プラス参加校の多い東京、移動が大変な北海道を2つに分け、計49代表となった。それ以前、甲子園の舞台に立つためには、各都道府県大会を勝ち上がったあとに、奥羽、東北、北関東、南関東……など、いくつかに分かれた地区大会を勝ち抜かなければならなかった。

この地区大会をずっと勝ち上がれなかったのが沖縄勢だ。戦前は1922年から九州大会に参加。その後、南九州大会、戦後1952年からは東九州大会に参加していたが、甲子園出場はかなわなかった。そんな沖縄勢が初めて甲子園の舞台に立ったのは、1958年の夏、第40回大会だ。記念大会ということもあって、史上初めて、全都道府県から選出することに決定。当時、アメリカ統治下にあった沖縄からも代表校の参加が決まった。沖縄代表は首里高校。パスポートを携え、予防接種までしてやってきた夢舞台の甲子園大会だったが、初戦で敦賀（福井）に0対3と完封負け。この当時、沖縄の食糧事情はまだ悪く、部員たちの平均身長も162センチ。明らかに力負けだった。

ただ、この敗戦以上に悔しい出来事が試合後に待っていた。持参した袋に一握りの甲子園の土を入れ、沖縄に持ち帰ろうとしたのだが、アメリカの法律に抵触したため、那覇港到着前に海へと捨てられてしまったのだ。球児たちにとっては祖国の土でも、植物検疫法では外国の土と見なされたからだった。

沖縄の本土復帰は1972年。首里ナインの悲劇から14年を待たねばならなかった。

客室乗務員からの「甲子園の小石」

ただ、この悲劇には続きがある。首里ナインにとっての大切な甲子園の土が海に捨てられたことは、当時メディアでも大きく扱われ、騒ぎとなる。このニュースを見た日本航空の客室乗務員が、「土は駄目でも石なら検疫対象外」と甲子園にあった小石を集めて贈ることにしたのだ。桐の小箱に収められた小石は、客室乗務員たちのリレーによって、首里ナインへと手渡された。首里高校の甲子園出場記念碑には、今もこの「甲子園の小石」が大切にはめ込まれている。

1933年春

031/100

巨人・沢村、阪神・藤村 黎明期スターたちの 始まりの物語

甲子園に注目が集まる理由の1つは、のちにプロでスターになる選手たちの「始まりの物語」も垣間見ることができるからだ。そこで、プロ野球を牽引してきた伝統ある2球団、巨人と阪神の、黎明期を彩ったスター選手の球児時代を振り返ろう。

巨人軍エースの始祖・沢村栄治の甲子園

巨人軍最初のスターといえば、日本プロ野球界初のノーヒッターであり、初の永久欠番選手でもある沢村栄治がまず思い浮かぶ。そんな天才右腕の甲子園初登場は1933年春、第10回センバツ大会。創部から5年も経っていない無名の京都商（現・京都学園／京都）を甲子園に導き、ベスト8進出の立役者に。準々決勝では明石中（兵庫）の豪腕、楠本保（P178）と投げ合って1対2で惜敗したが、この時の活躍ぶりから、沢村と楠本、そして同時代のスター、中京商（現・中京大中京／愛知）の吉田正男（P179）の3人は「大会三大投手」

として話題の的に。今でいう「ビッグスリー」のはしりとも言えるだろう。

沢村の甲子園通算成績は3大会出場で3勝3敗。戦績だけみればもの足りないが、京都府大会では脅威の1試合23奪三振を記録。1934年、夏の甲子園敗退後に京都商を中退すると、最年少17歳で全日本入り。来日したルー・ゲーリッグやベーブ・ルースといったスターぞろいの全米代表相手に孤軍奮闘したことから、「スクールボーイ」の愛称とともに、その活躍ぶりがアメリカにも打電された。

初代ミスタータイガース・藤村富美男の甲子園

一方、阪神最初のスターといえば、「物干竿」と呼ばれた長いバットで日本球界初の本塁打王となった阪神初の永久欠番選手、「初代ミスタータイガース」こと藤村富美男だ。

広島の呉港中（入学時は大正中）時代はエースとして甲子園に春夏合わせて6度出場。初挑戦となった1932年夏の選手権では楠本保と、1933年春のセンバツでは沢村栄治と、1933年夏の選手権では吉田正男とそれぞれ投げ合いを演じ、いずれも惜敗。だが、ビッグスリーとの名勝負で人気を高めた藤村は、「甲子園の申し子」と呼ばれた。

迎えた1934年夏、ついに決勝進出。川上哲治のいた熊本工（熊本）相手に2安打しか許さず、2対0で完封勝ち。悲願の全国制覇を達成した。のちに巨人で「打撃の神様」と呼ばれた川上も、藤村相手に3三振。バットにかすることさえできなかったという。

同名校・兄弟校対決 勝ったのはどっち？ あれこれと混乱が……

長崎勢vs三重勢が海星同士の2度だけという奇跡！

1972年 1989年 1983年 2002年

アナウンサー泣かせの対決、と呼ばれる試合が甲子園ではまれに実現する。いわゆる「同名校対決」「兄弟校対決」だ。全国約4000ある高校の中から、たった49代表しか出られない檜舞台の甲子園。しかも組み合わせは抽選で決まるというのに、運命の糸をたぐり寄せるように向き合ってしまった奇跡の対戦を振り返ろう。

同名校対決として有名なのが、長崎と三重による「海星対決」で、なんと2度も実現している。1度目は1972年夏、第54回選手権の1回戦。この時は、2対0で長崎の海星が勝利した。2回目の対戦は1989年夏、第71回選手権のこれも初戦（2回戦）。17年ぶりに実現した海星対決は、10対2で三重がリベンジに成功。対戦成績を1勝1敗とした。

この対決がなんとも不思議なのは、2校が同じ大会に出場したのは3度だけなのに、そのうち2度も直接対決が実現していること。さらに、甲子園で長崎県勢と三重県勢の対決は春夏通じてわずか2回だけ。つまり、この両県は「海星対決」しかしていないのだ！　まさに運命に導かれし対決。なお、スコアボード表記は「長・海星」「三・海星」だった。

見た目も一緒の「東海大」「智辯」対決

同名校対決よりもややこしいのが、同じ私立の系列校による「兄弟対決」だ。というのも、兄弟校同士はユニフォームも似るため、どちらが攻撃中なのか混乱してしまうから。そんなややこしい対決が実現したのは1983年夏、東海大一（静岡）と東海大二（熊本）の一戦。地の色こそ若干異なるものの、伝統のピンストライプと胸に刻まれた「Ｔｏｋａｉ」の筆記体は一緒。さらに監督も、一高が斉藤、二高が斎藤というオマケ付き。試合は13対1で静岡の一高に軍配が。この対決が原因ではないだろうが、現在、東海大静岡翔洋（旧・東海大一）、東海大熊本星翔（旧・東海大二）とそれぞれ校名を変えている。

2002年の第84回選手権では、智弁和歌山（和歌山）vs智弁学園（奈良）も実現。こちらは、ユニフォームのデザインも色調も同じで、違いは左腕の校章の一部と互いの県名、そして胸に描かれる「智辯」の文字の大きさくらい。過去に近畿大会での対戦はあったが、甲子園での直接対決はこの時が初めてだった。試合は、一塁側と三塁側、両スタンドにおなじみ「Ｃ」の人文字が浮かぶ中、弟分の智弁和歌山が7対3で勝利している。

「攻めダルマ」池田の蔦文也監督伝説 サインは「打て」だけ!?

1974年春 1982年夏 1983年春

監督本、と呼ばれるジャンルが高校野球本の世界には存在する。組織論、リーダーシップ論、名言集……と切り口はさまざま。そんな監督本を世に広めるキッカケとなったのが、「攻めダルマ」と呼ばれた池田（徳島）の名物監督、蔦文也だった。

「一度でいいから大海を見せてやりたかったんじゃ」

自身も徳島商の選手として甲子園に3度出場。東急フライヤーズ（現・日本ハム）の投手としてプロも経験した蔦が池田高校野球部の監督に就任したのが1952年。長らく、自身の母校・徳島商の壁に阻まれ続けて全国の舞台には立てなかったが、監督就任から20年目の1971年夏、ついに甲子園初出場。この時に出た名言が、「山あいの町の子供たちに一度でいいから大海を見せてやりたかったんじゃ」。この言葉は、今も池田高の敷地内にある石碑に刻まれている。

そんな大海＝甲子園で池田が旋風を起こしたのが、1974年春、第46回センバツ大会。部員わずか11名という少数精鋭部隊が、開会式直後の第1戦でいきなりホームスチールを決め、ファンの心を鷲づかみ。「奇襲戦法しかウチは勝てん。ムチャクチャやりますわ」と笑う蔦監督のもと、試合ごとにラッキーボーイが現れ、準優勝の快挙。むしろ、優勝した報徳学園（兵庫）以上に、負けた池田が「さわやかイレブン」として語り継がれた。

「明日はワシを日本一の監督にしてください！」

1979年夏、2度目の決勝の舞台に立った蔦だが、春夏連覇を果たす箕島（和歌山）に敗れ、準優勝。頂点をつかむため、筋力トレーニングを積極的に取り入れ、破壊力ある「やまびこ打線」を作り上げて、1982年夏、第64回選手権で3度目の決勝進出。その決戦前夜、「ワシから野球を取ったら酒しか残らん」が口グセで、この日もいつものように宿舎で酒をあおっていた蔦が、突然、選手に向かって語りかけた。「明日はワシを日本一の監督にしてください！　お願いします！」果たして、翌日のやまびこ打線は12得点の猛攻。蔦は悲願の「日本一の監督」となった。

翌83年春、第55回センバツ大会も制した池田は、史上4校目の夏春連覇を達成。その当日4月5日付けで上梓されたのが、蔦による初の単著『攻めダルマの教育論』。この本は高校野球ファン以外の層からも支持を集め、このジャンル異例のヒットとなった。

034／100

元祖アイドル球児 太田幸司の活躍と甲子園ギャルの誕生

1969年 1970年 ほか

「コーちゃん」見たさの狂乱

伝説の決勝戦で（P184）名を上げた三沢（青森）の悲劇のヒーロー、太田幸司。4日連続45イニングを投げきった鉄腕ぶりで高校野球ファンの評価を高めたが、別な要素……美少年ぶりでも注目を浴び伝説の存在になった。「アイドル球児」の誕生である。

1969年夏、3季連続で甲子園出場を果たした太田には、大会前からすでに女性ファンが多かった。ロシア人の血を受け継いだエキゾチックな顔立ちは、ニキビ面に汗まみれという従来の球児像とは一線を画し、太田クン見たさの女性ファン集団に、行く先々で囲まれるように。宿舎に無断侵入する者もいたため、三沢ナインは外出禁止となり、期間中は宿舎と甲子園球場の往復だけ。やがて、その往復の移動バスに乗り込むことすら困難になり、決勝戦では太田だけ別の車で甲子園入りするという、まさにスターの処遇。

そんな男が演じた、「決勝引き分け再試合」という力投。健気な姿に女性ファンはますます心打たれ、決勝戦を境にして「コーちゃん旋風」はさらに激化。三沢に帰ると、連日、段ボールに何箱というレベルでファンレターの嵐。住所がなくても「青森県・太田幸司様」だけで自宅に郵便物が届くようになっていた。

それまでの甲子園の歴史では、球児がスター並に女性ファンからアイドル視されたことはなかった。『週刊ベースボール』で高校生として初めて表紙に起用されるなど、その人気はまさに歴史的な出来事。こうして、「元祖・甲子園のアイドル」が誕生した。

「甲子園ギャル」とアイドル球児の系譜

太田の登場で潮目が変わり、その後の甲子園には続々とアイドル球児が生まれる。翌70年春のセンバツで耳目を集めたのが、優勝した箕島（和歌山）のエースで4番、「2代目コーちゃん」こと島本講平。この時、関西の地は大阪万博で賑わいを見せていたが、甲子園では島本見たさに女性ファンが大挙して訪れた。彼女たちは「甲子園ギャル」と呼ばれた。

その後も、1974年夏の大会で活躍した定岡正二（鹿児島実）、74年から3年間甲子園の主役だった（P120）原辰徳（東海大相模）、77年夏、「バンビ」と呼ばれた1年生エース坂本佳一（東邦）と、途絶えることなく続いていくアイドル球児の系譜。その熱狂は80年夏、第62回選手権の荒木大輔（早稲田実）の出現で（P38）、太田以来の熱狂を迎える。

1915年夏

記念すべき開幕戦と初代王者をかけた京都二中vs秋田中

1915年8月18日午前8時30分。大阪府豊能郡豊中村（現・豊中市）の豊中グラウンドで、のちに「夏の甲子園」と呼ばれることになる「全国中等学校優勝野球大会」が開幕。6日間の会期中に詰めかけた観客は約1万人と、初開催にもかかわらず盛況だった。時は大正4年、前年から始まった第一次世界大戦のまっただ中。試合結果を報じる朝日新聞には、夏目漱石の『道草』が連載されていた。

羽織袴姿の男による記念すべき始球式

記念すべき開幕試合は、山陰代表・鳥取中（現・鳥取西）対、山陽代表・広島中（現・広島国泰寺）の一戦。試合開始に先立ち、大会主催者である朝日新聞社社長、村山龍平が羽織袴姿で登場。豊中グラウンドのマウンドから始球式を行った。

第1球を投じたのは鳥取中の鹿田一郎。この試合では、広島中の4番、中村隆元が記念すべき大会第1号ホームラン（ランニングホームラン）を放つなど、1試合目からさまざまな「大会初」を記録。試合は14対7で鳥取中が勝利した。

決勝戦に駒を進めたのは、優勝候補の一角、京都二中（現・鳥羽）とダークホースの秋田中（現・秋田）。この一戦でもさまざまな「大会初」が生まれた。投手戦となり、0対0の均衡が続いた7回、秋田中は2死から相手エラーでチャンスをつかみ、先制点。だが、京都二中も8回、四球とエラーを絡めて同点とし、大会初の延長戦に突入した。

迎えた延長13回裏。京都二中は1死ながらランナー二塁とチャンス。続くバッターのセカンドへの打球で秋田中の内野陣がもたつく間に、二塁ランナーが一気にホームへと還り、京都二中が大会初のサヨナラ勝ち。記念すべき初代王者に輝いたのだ。

一方、秋田中は大健闘の準優勝。だが、結果としてこれが、「決勝で負け続ける東北勢」の第1号となってしまう。東北の悲願は、高校野球100年の悲願となった（P216）。

「教育上いかがなものか」と物議を醸したもの

優勝した京都二中には、この大会のために製作された「深紅の大優勝旗」と、さらに副賞として『スタンダード大辞典』と50円分の図書券、腕時計などが贈呈された。また、準優勝チームにも英和辞典、大会に参加した10校すべてに万年筆が贈られた。が、「教育上いかがなものか」と物議を醸し、物品の贈呈はこの第1回大会限りとなった。

2007年夏 2012年夏 2013年夏 甲子園「最速王」155キロが2人 154キロが3人

甲子園球児による球速150キロの扉は、「平成の怪物」横浜（神奈川）の松坂大輔（P98）が1998年にこじ開けた。以降、150キロ到達が、「超高校級」と呼ばれるための1つの指標となり、20年間で最速計測は155キロに到達した。

まず佐藤由規、次に安樂智大

甲子園で初めて155キロを投げた球児は、「みちのくのプリンスK」と呼ばれた仙台育英（宮城）の佐藤由規。舞台は2007年の第89回選手権。1回戦の智弁和歌山戦で150キロ台のストレートを連発し、毎回の17奪三振を記録して勢いに乗ると、続く2回戦、智弁学園（奈良）戦の4回裏、カウント1ボール2ストライクから投げた球のスコアボード表示が「155キロ」。実況アナウンサーは「155キロ！　甲子園最速ぅー！」と思わず声を張り上げた。試合には敗れたものの、高校野球の歴史にたしかな足跡を残したのだ。

次にこの155キロを記録したのは、2013年、第95回選手権に出場した済美（愛媛）の2年生エース、安楽智大。同年春、第85回センバツでは準優勝。愛媛大会では157キロも計測するなど豪腕ぶりを発揮し、「愛媛の怪童」と呼ばれた。

最速155キロには及ばずながら、154キロを投げた球児は3人。まずは2001年の第83回選手権、日南学園（宮崎）の寺原隼人。154キロは当時の甲子園最速記録。メジャーリーグ・スカウトのスピードガン表示では157キロとも出た。2009年の第91回選手権では、明豊（大分）の今宮健太が154キロを計測。身長171センチの小さな体からは想像できない剛球ぶりから、「小さな巨人」の異名で人気を博した。そして、同じ2009年の選手権では、花巻東（岩手）の左腕、菊池雄星が154キロをマーク。これは今でも、高校生左腕の甲子園最速記録だ。

大谷翔平・高校球児初の160キロ

そしてもう1人、忘れてはならないのが、菊池雄星と入れ替わりで花巻東の門を叩いた大谷翔平。2年夏の2011年、第93回選手権では、駒大苫小牧（南北海道）時代の田中将大以来となる、2年生での150キロを計測。最後の夏、甲子園にはたどり着けなかったが、岩手大会準決勝で、高校生史上初となる球速160キロを記録。のちにプロ野球最速165キロを投げる男の礎は、甲子園を目指す日々にあったのだ。

プラカードガールは男女共学を打ち出す学制改革の象徴

1949年夏

学制改革から2年が経った1949年。この年、夏の甲子園はいくつかの変化が起きた大会となった。まずは、ラッキーゾーンの常設設置。かのベーブ・ルースですら「Too Large（デカすぎだ）」と驚いたマンモス球場の両翼が大幅に狭くなり、ホームランが出やすくなった。そして、今に続く大きな変化が開会式の入場行進における「プラカードガール」による先導だ。甲子園にもようやく、女性の波がやってきた。

学制改革とプラカードガール

プラカードガール導入のキッカケは、まさに戦後の学制改革だった。旧制中学から新制高校への移行に合わせ、校名を変更する学校は多く、各地区からの代表校にも多数の「新制高校」が出場。まだなじみの薄い学校名を印象付けるため、校名の書かれたプラカードを女子生徒に持ってもらい、入場行進の先導役にする案が採用されたのだ。

また、学制改革によって数多くの男女共学校ができた社会背景もあって、「甲子園でも何か新機軸を！」「女性も大会に参加してもらおう」という理由も大きかった。

この「プラカード先導」の検討会議に参加していたのが、甲子園球場からほど近い場所にある市立西宮高校の岸仁教諭。「それじゃ、うちの女子生徒で」と快諾。同校も、戦前は女学校だったが男女共学校に変わったばかり。「変革」を打ち出すには適任だった。

祖母・母・娘3代プラカードガールも

かつては市立西宮高校の3年生が務めていたプラカードガール。ただ、「先導したチームが勝ち上がると受験勉強に差し障りがある」と2年生が担当するようになり、現在では1年生も先導役を務めるようになっている。

プラカードガールになりたい、と市立西宮高校に入学する生徒も多く、毎年、倍率は2倍、時には3倍にも及ぶという狭き門。過去には、祖母・母・娘3代に渡ってプラカードを持った生徒もいれば、抽選の縁で担当したチームの選手と結婚に至った例もあった。

初めてプラカードガールを選んだ49年当時の選考基準は、「身長155センチ以上、身体強健、運動選手、容姿端麗」。現在は運動選手にこだわらず、また、時代の流れで、「容姿端麗」の条件も削除されている。選ばれた生徒は抽選で担当校が決まり、行進の練習をして開会式に臨む。ここにもまた、「甲子園への道」があるのだ。

038/100

優勝旗が北の大地へ 駒大苫小牧が達成 夏連覇の大偉業

2004年夏 2005年夏

「雪上ノック」でつかんだ初優勝

雪国の高校は甲子園では勝てない……高校野球におけるそんな「定説」を打ち破ったのが、南北海道代表の駒大苫小牧だ。2004年、第86回選手権で初優勝を達成。関東より北にある高校が優勝したのは、春夏を通じて初めての偉業だった。

2004年夏、当初、甲子園の主役は済美（愛媛）だった。同年春、創部3年目でのセンバツ初出場初優勝を達成（P160）。夏の選手権では史上初の「初出場での春夏連覇」がかかっていた。済美はその期待どおり、決勝戦に進出。迎えた相手が、こちらも「北海道勢初優勝」という偉業に挑む、強打が自慢の駒大苫小牧だった。

試合は歴史に残る打ち合いで、5回を終わって6対6。6回表に済美が3点勝ち越したかと思えば、その裏、駒大苫小牧もすぐに同点。両チーム合わせて39本ものヒットが乱れ飛ぶ打撃戦をものにしたのは駒苫。13対10で壮絶な打ち合いを制し、深紅の優勝旗を北の大地にもたらしたのだ。決勝戦での両チーム2ケタ得点は史上初だった。

同校を強くしたのは、1995年に赴任した香田誉士史監督。94年夏、甲子園を制した佐賀商（佐賀）の臨時コーチだった（P210）知将は、雪国のハンデを逆手に取った「雪上ノック」を考案。硬く踏みしめた雪の上でノックをすれば、打球は速く、バウンドは不規則に。この練習で守備力がアップしただけでなく、足腰も強くなり打撃力も向上という副産物を得た。2004年夏の選手権でのチーム打率・448は歴代1位の大記録だ。

夏連覇をもたらした2年生エース・田中将大

北海道勢初優勝の快挙。この瞬間を、アルプススタンドで目に焼き付けた球児がいた。当時同校の1年生だった田中将大だ。秋以降の新チームでは、まず捕手として頭角を現し、その後、投手に転向。翌2005年春、センバツ大会で甲子園のマウンドを経験すると、5ヶ月後の夏、第87回選手権ではエース格として甲子園に帰還。先発でリリーフでとフル回転でチームに貢献し、決勝戦へと駒を進めた。迎えた京都外大西（京都）との決勝戦。5回途中からリリーフ登板した田中は、最終回のマウンドで3者連続三振。優勝を決めた最後の球は、人生初の150キロを計測。史上5校目となる夏連覇で優勝旗を北の大地へと持ち帰り、翌年、史上2校目の夏3連覇という大偉業を目指すことになるのだった（P28）。

K
KGHS

連続試合出場記録世界2位の、故・衣笠祥雄さんもまた、
甲子園が生みだした偉大な選手だ。広島カープ入団後すぐに内野手となったが、
出場回数1位、京都の名門・平安［P 104］時代は捕手。後ろに逸れた送球を追うシーンは、
1964年の夏、第46回大会準々決勝の高知（高知）戦。8月16日。
■京都新聞社／共同通信イメージズ

鉄傘と野球塔が消え空襲で炎上の甲子園3日間燃え続けた

1943年 1944年 1945年

姿を消した甲子園のシンボル

戦争によって、甲子園大会の灯火が消えたのは1941年。翌42年には文部省主催の全国大会が開催された（P128）が、この大会も一度だけ。戦禍はさらに激しさを増し、野球どころではない時代に突入。甲子園球場もその姿を大きく変えることになる。

1943年、甲子園球場からあるシンボルが姿を消した。バックネット裏からアルプス席まで観客席を覆っていた「鉄傘」だ。もともとは「天気に関係なく試合を行うラグビーを開催しても、雨を気にせず観戦できるように」と設置されたこの鉄傘。雨だけでなく日焼けを気にすることなく野球観戦ができると、思わぬ形で女性客の支持を集めた。まさに球場の名物でありシンボル。だが、軍艦などの建造のために国民総出で鉄を供出した時代。甲子園球場とて例外ではなく、8月18日、ついに鉄傘は姿を消した。鉄傘の総量は100

0トン。1トン当たりの売値は90円で、全体で9万円という値段がついたが、供出後はなぜか放置されたまま、軍需物資として日の目を見ることはなかった。

また、1934年の第20回選手権を記念して球場そばに建造された高さ約30メートルの野球塔も、戦闘機の飛行の妨げになるとして撤去。野球塔には第1回大会からの優勝校名と選手名を刻んだ銅板が設置されていたが、この銅板もまた軍に供出している。

貯蔵油に火がつき球場は廃墟に

1944年春、とうとう軍による球場接収が実施された。外野グラウンドが軍用トラックの駐車場に、内野グラウンドは芋畑に姿を変えてしまう。そして45年8月6日、甲子園球場も空襲で炎上。保管していた貯蔵油に火がつき、消化まで3日間も要した。アルプススタンドを支えていた鉄骨アーチはグニャリと曲がり、球場は廃墟と化したのだった。

だが、日本の戦後復興が目覚ましかったように、甲子園球場も見事な復活劇を見せた。戦後はアメリカ軍に接収されていたが、47年には解除。51年には観客席に屋根が再設置された。今度は銀色のアルミ合金製だったことから「銀傘」と呼ばれるようになり、まぶしく銀色に輝く屋根は再び甲子園の名物となった。

さらに時を経て、2010年の甲子園リニューアル工事完了に合わせ、姿を消していた野球塔も復活。あらためて、春と夏、それぞれの大会の歴代優勝校名を刻んでいる。

040／100

1998年夏

横浜vsPL学園
松坂熱投250球
延長17回の死闘

平成の甲子園、伝説の死闘……そう呼ばれる名勝負が、1998年夏、第80回選手権準々決勝、横浜（東神奈川）とPL学園（南大阪）の一戦だ。両校は、同年センバツの準決勝でも対戦。PLが7回まで2点リードしながら、8回、9回の攻撃で横浜が逆転勝利を収めていた。ただ、大会が終わってみれば、優勝した横浜が唯一苦しんだのがこのPL戦。センバツ後も無敗でここまで来た王者・横浜を苦しめるとすれば、その相手はPLでは？　そんな予感があったからこそ、甲子園球場は朝早くから大観客を飲み込んでいた。

観察力で松坂を攻略したPL

午前8時30分に始まった横浜対PL学園の準々決勝。先制したのはセンバツ同様、PL。2回に一挙3点を奪い、試合の流れを引き寄せる。横浜のエース・松坂大輔が1イニングに2点以上取られたのは、この大会では初めて。予想外の大量失点に動揺する横浜ナインに対して、ＰＬはその後も追加点を重ねて、試合を有利に進めた。

どの高校も打ち崩すことができなかった松坂を、なぜＰＬ打線は攻略できたのか？　それはＰＬの〝観察力〟によるものだった。松坂のスライダーがあまりに曲がり過ぎるため、受けるキャッチャーの構えがストレートとスライダーとでほんの少し変わることを発見。この観察力で狙い球を絞れて、松坂の球を打つことに成功したのだ。

だが、さすがは王者・横浜。4回と5回に2点ずつを返して同点。その後、またリードを許しても、終盤8回に同点に追いつき、5対5で延長戦に突入する。

延長17回、3時間37分、250球

延長戦からは横浜のペースで試合が進む。11回表、16回表と横浜が得点したが、その裏の攻撃でＰＬも追いつき、試合はなかなか決着しない。ＰＬのエースで7回からマウンドに上がった上重聡も必死で横浜打線を抑えていた。それでも、延長17回表に横浜が2点を勝ち越すと、その裏の守りを松坂が三者凡退に仕留め、3時間37分に及んだ死闘は、9対7で横浜が勝利。宿敵を倒すために松坂が投げた球数は、250球に及んだ。

翌日の準決勝で、松坂は奇跡の逆転勝利を呼び込むリリーフ登板。そして、決勝ではノーヒットノーランで春夏連覇を達成（Ｐ16）。ＰＬとの死闘から続いた3連投は松坂の名声をさらに高め、「平成の怪物」と呼ばれるようになったのだ。

1948年 夏

「栄冠は君に輝く」松井秀喜の生地で誕生から20年の秘話

日本の夏音、と聞いて何を思い浮かべるだろうか？ 高校野球ファンであれば、バットから響く快音、ブラスバンドによる熱奏、実況アナウンサーの声、と候補は多い。その中でも代名詞といえば、夏の大会歌「栄冠は君に輝く」ではないだろうか。

作曲は、早稲田大学応援歌「紺碧の空」、慶応義塾大学応援歌「我ぞ覇者」、阪神タイガース応援歌「六甲おろし」、読売ジャイアンツ応援歌「闘魂こめて」などなど、数多くの応援歌、行進曲を手がけ、和製スーザ（マーチ王）と呼ばれた古関裕而《こせきゆうじ》。そして、作詞を担当したのが加賀大介。だが、発表当時、作詞家の欄には別の名前が記されていた。

応募総数5252通の新大会歌

この名曲が誕生したのは1948年。戦後の学制改革を機に、「全国中等学校優勝野球大会」から「全国高等学校野球選手権大会」に改称された初めての大会だったことと、30

回目の節目の大会であったことを記念し、主催の朝日新聞社が新大会歌の歌詞を全国から募集。応募総数5252通の中から最優秀作品に選ばれた作品に書かれていたのは、「加賀道子」（本名・高橋道子）という名前だった。実は、文筆家として活動していた加賀大介が、懸賞金目当てで応募したと思われるのを嫌い、さらには、フィアンセだった道子へのプレゼントという意味も込め、加賀道子名義で応募したのだ。この詩をもとに、古関は誰もいない甲子園球場のマウンドにたたずみ、曲を仕上げたと言われている。

その後、「いつかは本当のことを……」と20年間悩み続け、68年の第50回選手権の際、事情をすべて告白。以降、作詞者は「加賀大介」と改められたのだった。

歌詞に込めた球児・加賀の想い

加賀大介も、かつては球児だった。だが、17歳の時に野球のプレーで負った擦り傷が原因で右足が化膿し、やむなくヒザから下を切断となり野球を断念した過去があった。だからこそ、白球を追いかけた自らの少年時代の思い出、断念せざるを得なかった甲子園への憧れ……それらの想いを込め、この大会歌を書き上げたという。

加賀の出身地である石川県根上町（現・能美市）の能美市根上野球場には、歌碑が立てられている。この歌碑がある根上町で生まれ育った後輩に、「5打席連続敬遠」（P56）という甲子園伝説を生む星稜の松井秀喜がいたのは偶然か？　栄冠の輝きは、次世代へと続く。

042/100

1996年夏

浜風が演出した甲子園決勝のドラマ「奇跡のバックホーム」

「風が吹く」とは、勝負の世界で比喩的に用いられる、目に見えない力のこと。だが、甲子園では、物理的な風の力で試合展開が変わることがある。甲子園名物「浜風」がそれだ。ライト側からレフトや本塁に向かって吹くこの海風の力で優勝の行方が左右されたのが、1996年8月21日、第78回選手権決勝戦。松山商（愛媛）vs熊本工（熊本）の延長10回裏、通称「奇跡のバックホーム」と呼ばれるビッグプレーだ。

サヨナラの場面で代わったライトに……

25回目の出場で夏4度の優勝を誇る松山商と、14回目の出場で初優勝を目指す熊本工という古豪同士の対決となった決勝は、3対2と松山商1点リードで9回裏、2死走者なし。優勝までアウト1つに迫っていた。あとがない熊本工の打順は1年生の沢村幸明。この沢村がバットを振り抜くと見事な同点ホームラン。3対3で延長戦へ突入する。

延長10回裏。守る松山商は、熊本工の先頭打者、8番星子崇に二塁打を許すと、犠打と四球などで1死満塁。この大ピンチに、松山商ベンチがとった作戦は、ライトの守備を代えること。チーム1の強肩、矢野勝嗣がライトの守備位置へ入った。すると、「代わったところに打球が飛ぶ」の格言どおり、打球は矢野が構えるライト方向へ。テレビの実況アナウンサーが「行ったー！　これは文句なし！」と叫ぶほどの大飛球だった。

浜風が起こした奇跡のビッグプレー

ここからが、浜風による「奇跡のバックホーム」。打球が浜風で押し戻され、ライト矢野のグラブの中へ。これで2死。それでも犠飛には十分な飛距離。熊本工の三塁走者・星子はタッチアップでホームへ突入。矢野はバックホームを試みたが、ボールは山なりの大暴投……と思った瞬間、その返球は浜風の後押しを受けて速度を増し、さらには狙ったように急降下。「ここでしかアウトにできない」という絶妙な位置で捕手のミットに収まり、ホームタッチアウトに成功したのだ。なぜあの大飛球がスタンドに届かず、あの大暴投でアウトにできたのか？　まさかのプレーの連続に、球場は興奮と喧騒に包まれた。

ピンチのあとにチャンスあり。11回表、松山商は「奇跡のバックホーム」を演じたばかりの矢野が二塁打で出塁。これで勢いに乗った松山商はこの回、試合を決める3得点。こうして、松山商が5度目の全国制覇を達成したのだった。

1951年夏

043/100

出場回数1位は平安〝片腕ノック〟西村進一熱血指導で日本一

京都が誇る、高校球界を代表する名門校といえば、龍谷大平安だ。創部はまだ明治時代だった1908年。100年後の2008年まで「平安」を名乗っていたこの学校の甲子園出場回数は、春40回と夏33回。計73回出場は全国歴代1位だ。

また、2018年春時点での甲子園通算勝利数は99勝（春40勝、夏59勝）で、全国1位の中京大中京（133勝）に次ぐ全国2位。史上2校目の100勝到達まであと1勝に迫っている。衣笠祥雄（P94）ら球界のスターも多数輩出し、優勝回数は夏3回、春1回。2014年のセンバツ優勝が記憶に新しい、時代を超えた強豪校だ。

戦争で片腕を失い左手1本のノック

そんな名門校が初めて全国の頂点に立ったのが、まだ旧制の平安中だった1938年夏、第24回大会。中心選手の1人が「名手」と呼ばれた木村進一。のちに西村と姓を変え、「隻腕の名将」と呼ばれた人物だ。平安中を卒業後、立命館大を中退してプロの名古屋軍入り。だが、太平洋戦争で召集。南太平洋のニューブリテン島で右手首を失い、プレーヤーとしての道が閉ざされてしまう。それでも、野球への情熱を失わなかった男は、戦後間もない1948年、監督として母校に戻ってきた。

右手にはめた義手にボールを乗せ、左手1本でノックをする熱血指導が代名詞。「片腕しかないオレがここまでできるんだ。お前たちにならら絶対できるぞ」と檄を飛ばし続けた。そんな厳しい練習で成長した平安ナインは、1949年春のセンバツで8年ぶりに甲子園に帰還。1951年夏、第33回選手権では優勝候補筆頭といわれた。

選手でも監督でも全国の頂点に

全国制覇のための最大の壁は、〝快童〟と呼ばれた中西太のいた高松一(香川)との準決勝。9回表まで4点リードしながら、その裏、中西の二塁打を足がかりに猛反撃にあい、1点差に。なおも二死満塁とピンチが続いたが、最後は平安のエースが鼻血を出しながらも踏ん張って後続を打ち取り、ゲームセット。事実上の決勝戦を制した平安が13年ぶり2度目の優勝を達成。京都の街は歓喜の渦に包まれ、敗戦後の不景気で落ち込みがちだった府民を勇気づけた。こうして西村(木村)は、選手でも監督でも頂点をつかみ、高校球界にたしかな足跡を残したのだった。

1998年夏

044/100

気温38度の延長15回 211球目の無情「サヨナラボーク」

史上もっとも切ない幕切れ。そう語り継がれる試合がある。1998年8月16日、第80回選手権2回戦、宇部商（山口）と豊田大谷（東愛知）の一戦だ。プレーボールは、猛暑の甲子園がさらに熱さを増す午後0時5分。この試合のあと、春夏連覇を狙う横浜・松坂大輔と、1回戦でノーヒットノーランを達成した鹿児島実・杉内俊哉という好投手同士の試合が控えていたため、観客は発表で4万9千人。実際には5万人以上の大観衆が詰めかけ、最後に起きる悲劇を目撃することになる。

宇部商・藤田投手に気力の限界が……

試合は、宇部商の2年生エース・藤田修平、豊田大谷の先発・上田晃広がどちらも好投。9回裏、2対1と1点をリードして最後の守りについた宇部商だったが、あとアウト1つまで追いこみながら同点に追いつかれ、2対2で延長戦に突入してしまう。

その後はスコアボードに0が続き、迎えた延長15回裏、守る宇部商・藤田の球数はとうとう200球超え。身長172センチ、体重60キロと細身の藤田にとって、すでに限界越え。どうにか気力だけでマウンドに立ち続けている状況の中、その瞬間は訪れた。

投げられなかった211球目

15回裏、ヒットとエラー、四球で無死満塁という大ピンチを迎えた守る宇部商。マウンドの藤田は、何度ぬぐっても止まらないほどの汗を額から流しながら、この日の211球目を投げようと投球姿勢に入る。

だが、次の瞬間、藤田は投球動作を途中でやめ、プレートに足をかけたまま、セットに入ろうとした手を下にストンと落としてしまう。主審はすかさず、「ボーク」を宣告。三塁ランナーがホームインし、豊田大谷のサヨナラ勝ちというまさかの幕切れ。甲子園に集まった5万人の大観客も騒然とし、当の藤田も状況が理解できず、マウンドでただぼう然と立ち尽くすしかなかった。

この時、気温38度。あまりにもアツ過ぎた試合の結末は、悲し過ぎるものとなった。ただ、ボークを宣告した主審は藤田を励ますため、通常であれば勝った学校の主将に渡すウィニングボールを、「また戻ってきなさい」という気持ちを込め、藤田にそっと手渡したという。こうして、「サヨナラボーク」は甲子園史に残る伝説となった。

045/100

夏はいまだゼロ！完全試合は2人だけ前橋・松本、金沢・中野

1978年春 1994年春

投手たちの夢、完全試合。この偉大な記録を甲子園の大舞台で成し遂げた人物は、高校野球100年の歴史でたった2人しかいない。その最初の達成者が、1978年春、第50回センバツ大会における前橋（群馬）の松本稔だ。

春夏通算2429試合目で生まれた大記録

伝説が生まれたのは、大会4日目第3試合、前橋vs比叡山（滋賀）戦。身長168センチ、体重63キロと小柄な松本だったが、抜群の制球力で比叡山打線を手玉に取ってみせた。9回二死、27人目の打者が打席に入る時、さすがにプレッシャーを感じたのか、一瞬だけ空を見上げた松本。だが、その直後、最後の打者を初球でピッチャーゴロに仕留め、あっけなく完全試合を達成。試合時間はわずか1時間35分。要した球数は78球。内訳は、内野ゴロ17、三振5、内野飛球2、外野飛球3。松本のテンポ良い投球もさることながら、内野

陣の堅守もあって成し遂げられた偉業は、センバツ1019試合目、春夏通算2429試合目でようやく生まれた大記録だった。

だが、結果的にこの偉業が、前橋ナインのリズムを狂わせた。一躍注目の存在となった松本と前橋ナインは、次の試合で0対14という信じられない大敗を喫してしまう。取材攻勢と周囲の過剰な期待で本来のピッチングができなかっただけでなく、前の試合で堅守を誇った守備陣にもミスが続出しての結果だった。

後年、「数日で天国と地獄の両方を味わったというのが貴重な経験。地獄も見られて良かった」と語った松本。その苦い経験も活かすべく、高校卒業後は大学～大学院を経て、地元の群馬・中央高で野球部の監督に。1987年には夏の甲子園に出場。その後も2002年に、母校の前橋を率いて思い出のセンバツにも出場を果たしている。

史上2人目は金沢・中野真博

甲子園大会もう1人の完全試合男は、1994年春、第66回センバツ大会での、金沢（石川）のエース、中野真博。江の川（現・石見智翠館／島根）を相手に偉業を樹立した。中野はストレートとスライダーを織り交ぜ、カーブも効果的に使いながら江の川打線を翻弄。わずか99球、試合時間は1時間28分での大記録達成だった。

この2人以降、そして夏の大会ではいまだに、完全試合達成者は出ていない。

2校で甲子園優勝 木内幸男の監督人生「マジック采配」の妙

1984年夏
2001年春
2003年夏

茨城訛りの明るいキャラクターと、相手チームだけでなく味方ベンチも驚く「木内マジック」と呼ばれた采配で人気を誇った、甲子園史上に残る名物監督。それが、茨城の取手二と常総学院をそれぞれ全国制覇に導いた木内幸男だ。

「のびのび野球」自主性重視で頂点へ

指導者としての出発点は、母校の土浦一（茨城）。高校卒業後、そのままコーチとして学校に残り、気づけば監督になっていた。ただ、教員資格を持っていなかった木内監督は、あくまでもボランティア。さすがに生活ができない、という理由から1957年、茨城県立取手二の監督に就任。公立校では珍しい「職業監督」の誕生だった。といっても、当時の月給は4千円。のちに甲子園に出場すると6万2千円に増えたが、生活の苦しさは変わらず。妻がアルバイトや内職をして金を工面し、生活をやりくりしていたという。

木内監督の采配も、自身の生活同様、限りある戦力をどうにかやりくりし、最大限に活用するスタイル。ベンチ入りした選手を全員使い切るのは当たり前。カウントの途中でも代打を起用するなど、選手交代が多いことでも有名だった。その一方で、選手の自主性を重視し、自ら考えてプレーすることを求める点も、当時の高校野球では画期的な点だった。

その采配と指導方針が結実したのが、1984年夏、第66回選手権。強豪校を次々と打ち倒し、決勝では桑田・清原のKKコンビ（P152〜155）を擁し大会連覇を狙うPL学園（大阪）と対戦。この絶対王者を延長戦の末に撃破、悲願の全国制覇を果たしたのだ。私立の組織的な野球とは一線を画す、公立校の「のびのび野球」は大きな注目を集めた。

異なる2つの学校で甲子園制覇

この優勝を置き土産に、翌85年、木内は開校したばかりの私立常総学院の監督に就任。すぐに甲子園常連校へと育て上げ、69歳で迎えた2001年春、第73回センバツ大会で春の王者の座を獲得。2003年夏、「監督最後の年」と宣言して挑んだ第85回選手権では、決勝でダルビッシュ有擁する東北（宮城）を倒し、自身2度目となる夏の全国制覇を達成する（P40）。異なる2つの学校で甲子園を制した監督は、原貢（三池工と東海大相模）以来、史上2人目の快挙だった。その後、請われる形で常総学院の監督に復帰。80歳まで務めあげ、今度こそ勇退。60年以上の監督生活で、史上7位の甲子園40勝を記録している。

047/100

驚異の奪三振数 神奈川のドクターK 桐光学園・松井裕樹

2012年夏

日本球界で「ドクターK」の名を浸透させたのは、日米で奪三振王になった野茂英雄。その野茂が海を渡った1995年に生まれたのが松井裕樹。のちに甲子園で痛快な奪三振ショーを演じ、大会史上最高の「ドクターK」となる男だ。

10者連続を含む22奪三振！

2012年夏、第94回選手権1回戦、桐光学園（神奈川）vs今治西（愛媛）の試合で伝説が生まれた。桐光の2年生左腕・松井裕樹は、1回、2回といきなりアウト6つをすべて三振で奪う好スタート。その後もストレート、カーブ、そして「消える魔球」とも称されたスライダーが次々に決まり、5回までに11奪三振。ノーヒットピッチングだった。

6回表、とうとうヒットを許しノーヒットノーランはならず。だが、これでむしろ気合いに火がついたのか、奪三振ペースはさらに加速。7回、8回はともに3者連続三振。8

回表の3つ目の三振で、それまでの大会記録「1試合19奪三振」に並ぶと、9回もアウトはすべて三振。「1試合22奪三振」という驚異の大会新記録を樹立。しかも、6回から9回にかけての「10者連続奪三振」は史上初の快挙、というオマケ付きだった。

4試合・延長戦なしで68奪三振

この奪三振ショーで注目が集まる中、松井は次の2回戦でも史上2位タイの「1試合19奪三振」を記録。「2試合連続毎回奪三振」は史上5人目のこと。さらに、続く3回戦でも12奪三振。松井の奪三振ショーは続いた。

もちろん、相手チームも三振回避のため、さまざまな〝松井対策〟を用意。伝家の宝刀スライダーが曲がり切る前にバットに当てようと、打席で移動しながらバットを振る選手もいた。だが、対応力の高い松井はさらに前でスライダーを変化させたり、曲がり方と球速の違う2種のスライダーを投げ分けることで、次から次と三振の山を築いていったのだ。

松井は次の準々決勝で敗れたが、その試合でも15奪三振。4試合連続2ケタ奪三振で、大会通算奪三振数は歴代3位（左投手では1位）の「68個」。1位の「83個」（58年、徳島商・板東英二）は6試合で記録したもの（P188）。歴代2位の「78個」（06年、早稲田実・斎藤佑樹）は7試合（P202）。しかも、どちらも延長戦が含まれていたことを考えると、4試合・延長戦なしで68個という松井の三振数は、とんでもない記録なのだ。

「アルプス」岡本「学生野球の父」飛田記者目線の甲子園

1929年ほか

100年を超える大会の歴史を誰よりも紡いできたのは、選手権大会主催者である朝日新聞であるのは間違いない。高校野球の負の側面を伝えない、といった批判もあるが、大会をここまで発展させ、継続してきた功績はやはり偉大だ。中でも、個人として大きな足跡を残した2人の「朝日新聞記者」について掘り下げてみる。

「アルプススタンド」を伝えた男

甲子園開場から5年後の1929年。年々増える観客をうまく収容するため、内野スタンドと外野スタンドの間に建設された特別スタンドが、甲子園名物「アルプススタンド」。この名を付けたのは、芸術家・岡本太郎の父、岡本一平、というのはよく使われる高校野球トリビアだ。当時、朝日新聞記者だった一平がスタンドを埋めた白シャツの群衆を見て「素敵ニ高ク見エル、アルプススタンドダ、上ノ方ニハ万年雪ガアリサウダ」と言葉を入れた漫画を朝日新聞で発表したことで世に広まった。ただ実際には、まだ小さかった息子の太郎が「アルプスみたい」と言ったのを拝借したとも、登山家であり同僚記者でもあった藤木九三が「これは偉大だ。まるでアルプスのごとく高く壮大である」と驚いた言葉を拝借した、など、諸説語り継がれている。

だが岡本一平は、甲子園球場誕生のはるか以前、1917年の第3回大会から朝日新聞で漫画記事を掲載し続け、毎回好評を博していたことはあまり知られていない。仮に「アルプス」と命名していなくとも、野球文化を紡いだ偉人であることに違いはないのだ。

球児たちの姿を伝え続けた「穂洲節」

早稲田大学野球部初代監督であり、野球指南書『ベースボール』シリーズを上梓するなどの功績で「学生野球の父」と呼ばれる飛田穂洲（本名は忠順）。彼のもう1つの顔は、朝日新聞記者。ライフワークとして、甲子園大会と球児たちの姿を論評し続けた。

「一球入魂」や「千本ノック」という言葉をつくったことからも自明だが、飛田が唱えた精神主義的な野球道には、現在批判も多い。だが、勝者を讃えるだけでなく、敗者をねぎらう小気味いい「穂洲節」にはファンも多い。なお、『ベースボール』シリーズの初版は1927年。飛田の死後、1972年に『飛田穂洲の高校野球入門』として焼き直され、80年代まで版を重ねた。これほど読まれ続けた野球入門書は他に類を見ない。

甲子園は女人禁制!? 女子部員参加への長い長い道のり

1996年夏 2016年夏

女性の甲子園参加、といえば、1949年に採用されたプラカードガールから（P90）。ただ、それとて開会式での一幕。試合が始まれば、また「女人禁制」の甲子園グラウンド。フィールドに立つことどころか、ベンチ入りすら認められない時代が長く続いた。

女子マネージャーにベンチ入りを譲った選手も

変化が起きたのは1996年夏、第78回選手権から。それまでは担当教師か控え選手がベンチでスコアブックをつけていたが、この大会から、選手とは別枠でスコアブック担当メンバーが「記録員」としてベンチ入りが可能になる新制度を採用。選手ではないため、女性でも任に就けることになったのだ。この新制度によって、9校の女子マネージャーが記録員として登録され、選手たちとともに甲子園のベンチ入りを果たした。

記録員制度元年には、こんなドラマもあった。ベンチ入り女子マネージャー第1号となったのは、東筑（福岡）の三井由佳子さん。福岡大会では3年の男子部員が記録員としてベンチ入りしており、甲子園でもその男子部員が担当予定だった。だが、「福岡大会から3年でベンチ入りしていないのは三井だけ。甲子園では三井がベンチに入ってほしい」と自ら身を引き、三井さんにチャンスを譲ったのだ。こうして念願の甲子園ベンチ入りを果たした三井さん。東筑の敗退後、譲ってくれた男子部員の気持ちを思い出し、涙を流した。

女子球児が甲子園でプレーする日は……

女子マネージャーをめぐる騒動としては、2016年夏、第98回選手権で起きた「グラウンドからの退場事件」もある。実は記録員はベンチ入りができても、練習時や試合中にグラウンドには立てない、という謎ルールがあり、ある女子マネージャーが練習補助をしていたところ、大会関係者から「グラウンドの外に出ていくように」と注意をされたのだ。これには全国から非難殺到。翌春のセンバツ大会からは、ヘルメットをつけるなど条件を満たせば、ベンチから出て練習サポートができるように規則が変更されている。

また、女子マネージャーの問題とは別に、全国には男子に混じって練習に参加する女子選手もいる。ベンチ入りで騒ぐ以前に、「女子部員も公式戦に出られるようにしてほしい」という声は少なくない。オリンピックでは「男女同権」が至上命題のこの時世に、高校野球はどこへ向かうのか？〝次の100年〟に向け議論すべきテーマの1つだ。

050/100

史上唯一の夏3連覇
延長25回の死闘
中京商栄光の時代

1931年夏
1932年夏
1933年夏

延長25回の死闘の末につかんだ栄光

長い甲子園の歴史において、たった1校しか達成できていない「夏の大会3連覇」という金字塔。その唯一の学校こそ、愛知の名門、中京商（現・中京大中京）だ。1931年から33年まで、夏の甲子園14連勝。この間、春のセンバツでも準優勝1回、ベスト4が2回。3年間6大会で23勝3敗という驚異的な勝率を誇ったのだ。

この「夏3連覇」の立役者といえば、まさにこの3年間エースとして君臨した吉田正男にほかならない（P178）。23勝3敗は、イコール吉田の甲子園通算成績でもあるのだ。

その中でも名勝負といえば、まずは大会2連覇がかかった1932年夏。松山商（愛媛）との決勝戦。同年センバツでは準決勝で敗れた因縁の相手に、延長11回サヨナラ勝ちでの劇的優勝。松山商のエースで主砲、景浦将とのライバル対決は甲子園を沸かせた。

そしてもう1つが、1933年夏の大会準決勝、明石中（兵庫）との延長25回の死闘だ。当時はまだ引き分け再試合のルールがなかったため、決着がつくまで試合は続行。それまでの最長延長記録の19回を超え、20回の大台へ。当時の甲子園球場スコアボードは16回までしかなく、17回以降は球場職員が「0」の表示を釘で打ちつけながら継ぎ足していった。そしてその間、吉田はずっとマウンドを守り続けた。

吉田のそんな力投に、中京商打線がようやく応えたのは延長25回裏。無死満塁とチャンスをつかみ、ボテボテのセカンドゴロの間にランナーが生還。1対0でのサヨナラ勝ちを収めたのだ。試合開始から4時間55分。吉田は336球を投げ、被安打8、19奪三振の完封勝利。鉄腕・吉田は翌日の決勝でも完投勝利を収め、夏3連覇を成し遂げた。

優勝回数・通算勝利ともに歴代1位

中京商は、この夏3連覇以降も現在に至るまで、中京→中京大中京と校名を変えながら、ずっと強豪校の地位を保ち続けている。1937年夏、38年春には史上2校目の「夏春連覇」。1966年にはこれまた史上2校目となる「春夏連覇」を達成。甲子園での通算優勝回数は歴代1位の11回（春4回、夏7回）。甲子園通算133勝（春55勝、夏78勝）も断トツの1位。甲子園の絶対王者といっても過言ではないのだ。卒業生では、侍ジャパンの稲葉篤紀監督を輩出するなど、球界のリーダーも同校から数多く巣立っている。

原辰徳フィーバーが放送のルールを変え雑誌も創刊させた

1974年
1975年
1976年

放送ルールまでも変えた、スター辰徳

炭坑町に灯をともした、１９６５年夏、三池工（福岡）の初出場初優勝の快挙（Ｐ１４０）。その立役者といえる29歳の原貢監督は、翌年、東海大相模（神奈川）の監督へと華麗に転身。わずか４年後の１９７０年夏、第52回選手権において、東海大相模にも初優勝の栄光をもたらすことに成功する。異なる２つの学校での全国制覇は史上初。原貢の名は、「名将」という冠とともに高校野球の歴史に刻まれたのだ。

そして、この夏からさらに４年後。原貢とその息子、辰徳による「父子鷹」によって、甲子園に新たな物語が紡がれることとなった。

１９７４年夏、高校球界に颯爽と登場した東海大相模の原辰徳。アイドル顔負けのルックス、１年生ながら名門校の５番サード。そして「父子鷹」。試合前からスターになる要素が十分。その人気に拍車をかけたのが、甲子園で演じた泥だらけの名勝負だ。

舞台は第56回選手権の準々決勝、東海大相模vs鹿児島実（鹿児島）。それまでの2試合を1対0の完封で勝ってきた、やはり〝アイドル人気〟の鹿児島実のエース・定岡正二との対戦は、試合前から注目の的。雨でぬかるんだグラウンドの上で追いつ追われつ、ファインプレーの応酬という好ゲームは、延長15回の激闘の末、定岡と鹿児島実に軍配が上がった。この一戦のNHK視聴率はなんと34％。当時、試合時間が長くなると途中でも打ち切られるのは当然だったが、この試合を途中で中断したところ抗議が殺到。翌年からは延長でも中継が行われるようになった。スターの存在は、放送ルールまでも変えてしまったのだ。

原フィーバーで『輝け甲子園の星』創刊

辰徳は翌75年春、第47回センバツにも出場。決勝まで勝ち進んだが、延長13回の激闘の末、高知（高知）の前に惜しくも準優勝。だが、この大事な一戦でもホームラン1本と三塁打1本を含む3安打と大当たり。注目度は男女を問わず、ますます高まりを見せ、地方大会なのに球場を満員にするほどの「原フィーバー」を巻き起こした。その結果、原辰徳を特集した『輝け甲子園の星』や『高校野球神奈川グラフ』などが次々に創刊。野球出版文化にも多大な影響を与えたのだ。3年間で甲子園には夏3回、春1回の計4回出場。頂点にはあと一歩届かなかったが、人気の面では間違いなく、当代一のスラッガーとなった。

052/100

「世界の王」の青春時代 血染めのボールと延長ノーヒッター

1956年 1957年 1958年

血染めのボールで手にした栄光

東京を代表する野球名門校、「早実」こと早稲田実。その歴史は古く、野球部創部は1901年。1915年の第1回全国大会に出場した初代出場校10校のうちの1つだ。

この第1回大会で優勝候補といわれた早実だったが、準決勝で敗退。この時は、早実が優勝するまでに何十年も必要になるとは誰も予想できないことだった。

1924年に始まった春のセンバツでも、たった8校の初代出場校に選ばれた早実。だが、この時は決勝で香川の高松商に敗れ、準優勝。さらに、1925年の夏の甲子園でも決勝で再び高松商に敗退。頂点をつかめない時代が長く続いた。

全国の舞台で輝ききれない早実。そのいやな流れを断ちきったのは、のちに「世界のホームラン王」として活躍する王貞治だった。

1956年、1年夏から甲子園のマウンドを踏んだ王だったが、この頃は「ノーコン病」と呼ばれるほど制球が悪く、さんざんな甲子園デビュー。だが、ノーワインドアップ投法を覚え、制球難を克服して臨んだ1957年春、第29回センバツ大会では、初戦から準決勝まで3試合連続完封の好投。高知商（高知）との決勝では、指先のマメがつぶれても痛みに耐え、血染めのボールを投げ続け、早稲田実業にセンバツ初優勝の栄冠をもたらしたのだ。紫紺の優勝旗が箱根の山を越え、関東にもたらされたのは初めてのことだった。

同年夏、春夏連覇をかけて臨んだ第39回選手権では、初戦の寝屋川（大阪）との試合で、史上初となる「延長戦ノーヒットノーラン」を達成（11回）。次の準々決勝で惜敗して優勝には手が届かなかったが、その投球センスは群を抜いていた。

「世界の王」へと続く2試合連続弾

2年生にして甲子園で結果を出した王。だが、それは「投手」として。「打者」としての才能を発揮したのが3年春、1958年の第30回センバツ大会。初戦と準々決勝で、大会記録となる2試合連続ホームラン。大打者になる未来を予感させるものだった。

最後の夏は東京大会決勝で敗れ、5季連続甲子園とはならなかった王。だが、のちに「もし甲子園に出ていれば満足してしまって大学進学を選んでいた」と語っている。高校時代のやり残しが、「世界の王」の原動力になったのだ。

053/100

驚異の14年連続出場 史上初の大会連覇 〝初代最強〟和歌山中

1921年夏 1922年夏 高

最強打線でつかんだ初優勝

高校野球の歴史を振り返ると、各時代時代で「王朝」や「最強チーム」と呼ぶべき学校があった。その〝初代〟ともいえる存在だったのが、大会初の連覇を果たした和歌山中（現・桐蔭／和歌山）だ。

第1回から第14回大会まで、夏の選手権には史上最長の14年連続出場。1924年に始まった春のセンバツでも、第1回から第11回大会まで11年連続出場を果たした和歌山中。

中でもひときわ輝いたのが、主砲の井口新次郎を擁して史上初の連覇を果たした1921年夏の第7回大会、1922年夏の第8回大会だった。

それまで、大会常連校でありながらなかなか決勝の舞台に立つことができなかった和歌山中。その壁を突破したのが1921年のこと。この年の和歌山中は地方大会から猛打が爆発。32対0、39対0、11対1と、3試合で82点も奪って悠々と代表権を獲得した。

その勢いのまま、全国の舞台でも初戦が20対0。続く準々決勝も21対1。準決勝が18対2と、圧倒的な攻撃力で決勝へと駒を進め、京都一商(現・西京/京都)との決勝戦でも16対4と大勝。大会通算打率・358は、1950年夏、徳島の鳴門「うず潮打線」に破られるまで大会記録。まさに、最強打線でつかんだ初優勝だった。

3年間で全国大会11連勝

翌1922年夏。前年までショートを守っていた井口新次郎がマウンドに立ち、再び全国の舞台に戻ってきた和歌山中。初戦を8対0、準々決勝を4対1、準決勝では2対1と、エース井口の踏ん張りで決勝戦に進出した。

迎えた決勝の相手は神戸商(兵庫)。7回終了時点で0対4と追い込まれながら、終盤8回、9回の猛攻で劇的な逆転優勝。地元新聞は夕刊に間に合わせるため、もう神戸商が勝ったかのような論調で記事を書いていたため、翌朝の新聞を見て、神戸市民はがっくり。「神戸商の〝夕刊優勝〟」という言葉が生まれたとか。

和歌山中は、翌1923年の夏の大会にも出場。大会3連覇を目指して決勝にまで駒を進めたが、あと一歩届かず準優勝。だが、この3年間で全国大会11連勝。まだ春のセンバツがなかった時代、もしあれば春夏連覇していたのでは？　と夢想する強さだった。

朝
二 三 四 五 六

［P 118］延長の史上最長記録は中京商（愛知）vs 明石中（兵庫）、延長25回。
スコアボードのイニング表示が足りなくなり、手書きの板を継ぎ足していった様子に
死闘の興奮が伝わってくる。1933年8月19日、夏の19回大会の準決勝。

1942年夏

戦時に「幻の甲子園」歴史から消えた大会 選手は「選士」に

2018年に100回目の夏を迎える甲子園。過去99回の歴史の中で、全国大会が中止になったにもかかわらず、大会史にカウントされている大会が2つある（P72）。代表校が出そろったあとに米騒動で中止となった1918年の第4回。そして、すでに地方大会が始まっていた7月に突如中止が決まった1941年の第27回大会だ。

ところが逆に、甲子園を舞台に全国大会は開催されて優勝校もあるのに、大会史に含まれていない悲劇の大会がある。1942年夏、16の代表校で争われた「大日本学徒体育振興大会」、通称「幻の甲子園」である。

文部省主催「大日本学徒体育振興大会」

前年末の真珠湾攻撃によって太平洋戦争が勃発。戦禍が日々激しくなる1942年。春のセンバツも夏の全国大会も、文部省の指令で中止が決定された。代わって、朝日新聞社主催ではなく文部省主催で開催されたのが「大日本学徒体育振興大会」。柔道、剣道、相撲など10競技が行われ、その中の1つに野球が入る形だった。

スコアボードには「勝って兜の緒を締めよ」「戦い抜かう大東亜戦」という横断幕。ユニフォームからはローマ字が消え、空襲警報と誤認しないよう、試合前後のサイレンは禁止。また、続行不能でない限り交代は認められず、突撃精神に反するから投球をよけてはいけない、といった特別ルールのもと実施。選手は「選士」と呼ばれた。

最初で最後の優勝校は徳島商

国側の思惑は別にして、2年ぶりの「甲子園」。選手たちにとって憧れの場所で野球ができる喜びに勝るものはなく、球場も連日満員。雨で2日間順延された影響もあって、準決勝と決勝はダブルヘッダーという強行日程となったが、最後は延長11回、サヨナラ押し出しで徳島商（徳島）が優勝。文部省主催の大会で、最初で最後の優勝校となった。

ただ、「甲子園大会」ではないため、勝った徳島商に深紅の優勝旗は授与されていない。贈られたのは文部大臣からの表彰状1枚と、後日届いたノボリ旗のような簡素な優勝旗だけ。そのどちらも戦時下の徳島空襲で焼失してしまう。だが、この「幻の甲子園」から35年後の1977年、当時の海部俊樹文部大臣が徳島の地を訪ねた際に、学校側が「優勝を証明するものがほしい」と訴え、後日、徳島商に優勝盾と賞状が贈られたのだった。

1973年春夏

055/100

113回無失点！怪物・江川卓の球はバットに当たらない

栃木に凄い「怪物」がいる……70年代前半、高校球界はその噂でもちきりだった。「球がホップする」「史上最速」と称された快速球と、打者が尻餅をつくほど曲がるカーブを操った作新学院（栃木）の江川卓である。超高校級の実力に加え、耳の大きな顔が漫画『怪物くん』の主人公に似ていることから、「怪物江川」と呼ばれ、恐れられた。

センバツ最多の大会通算60奪三振

地方大会でのノーヒットノーラン達成回数は9回。うち、完全試合2回。並の高校生では太刀打ちできない図抜けた存在だった江川。それでも、甲子園への道は遠かった。

1年夏は栃木大会準決勝で延長11回まで投げたが、救援投手が打たれて敗退。センバツ出場をかけた1年秋の関東大会では完全試合ペースで投げていた途中、頭部に死球を受けて退場し、チームも逆転負け。2年夏の栃木大会準決勝では延長10回2死までノーヒットノーランだったが、11回にサヨナラスクイズを決められ、甲子園には届かなかった。

「栃木に江川あり」と言われながら、勝ち運には恵まれなかった江川。そのうっぷんを晴らしたのが、2年秋からの新チーム。練習試合、秋の県大会、関東大会を23戦全勝。113イニング無失点という驚異的な投球で、1973年春のセンバツへの出場を決めた。

センバツ初戦は、開会式の興奮冷めやらぬ初日第1試合。江川は大観衆の前で、優勝候補の北陽（大阪）相手に19奪三振の鮮烈デビューを飾り、噂にたがわぬ実力を見せつけた。

この大会では、2回戦が10奪三振、準々決勝では1安打1四球しか許さず20奪三振。準決勝で試合巧者の広島商（広島）に敗れてしまうが、この試合でも11奪三振。大会通算60奪三振は、45年を経た今も破られていない、センバツの最多奪三振記録だ。

怪物最後の夏、その結末は……

高校最後の夏、第55回選手権にも出場を果たした江川。だが、センバツ以降、招待試合の過密日程で練習不足に陥り、さしもの怪物も球が走っていなかった。センバツではバットにかすることすら珍しかったのに、夏は1回戦から延長となり、15回の末、なんとかサヨナラ勝ち。続く2回戦の銚子商（千葉）戦も延長に。最後は雨が降る12回裏、1死満塁のピンチを招きフルカウントから押し出し四球を許して、怪物の夏は終わった。それは、1人の突出した投手だけでは甲子園を勝ち抜けない時代に入ったことの証でもあった。

056／100

興南・島袋洋奨 琉球トルネードで沖縄に春夏連覇を

2010年 春夏

沖縄勢で初めて、春の王者の証し、紫紺の優勝旗を手にしたのは、1999年の沖縄尚学（P208）。だが、夏の深紅の優勝旗は、その後もまだ手の届かぬ華だった。そんな沖縄の悲願をかなえたのが2010年の興南。つかみ取ったのは、沖縄が生んだドクターK・島袋洋奨の左腕である。

19奪三振でデビューの「琉球トルネード」

島袋の代名詞は、野球選手としては小さな172センチという身長を目いっぱい大きく使うために編み出したオリジナル投法「琉球トルネード」。この独特のフォームから繰り出す切れのあるストレートと変化球で三振を奪うのが島袋の持ち味だった。

初めて甲子園のマウンドを踏んだ高校2年の春、2009年の第81回センバツ大会では「1試合19奪三振」の圧巻デビュー。延長戦の末、勝負には敗れたものの、この試合で記録した「全員奪三振」「毎回奪三振」は、敗戦投手としては大会史上初のこと。その名を一躍全国に知らしめたが、同年夏の選手権でも島袋と興南は一回戦敗退。スタミナ不足から、試合終盤に崩れてしまうことがこの頃の島袋の弱点だった。

その弱点克服のため、筋力アップとスタミナアップを図り、再びやってきた最終学年の甲子園。2010年春のセンバツ大会において、島袋は1回戦から14奪三振を記録。その後も順調に勝ち進み、決勝では強打が自慢の日大三（東京）と対戦。互いに5点を取り合って延長戦へともつれこんだが、スタミナ強化の甲斐あって島袋は延長12回を見事完投。興南に、初のセンバツ優勝と紫紺の優勝旗をもたらしたのだ。

左腕歴代1位の通算102奪三振

春に優勝できても、夏はどうしても勝てなかったのがそれまでの沖縄県勢。悲願ともいえた「夏制覇」と「春夏連覇」をかけて臨んだ同年夏、第92回選手権では、「打倒！ 興南」を合言葉に向かってくる全国の強豪校を撃破。決勝では東海大相模（神奈川）を13対1と圧倒し、〝沖縄の夢〟夏の全国制覇と、史上6校目の春夏連覇も達成した。

島袋は、2010年春夏の甲子園で通算11勝0敗、102奪三振を記録。年間奪三振数は歴代3位で、上にいるのは1932年の楠本保（明石中）113個と、2006年の斎藤佑樹（早稲田実）104個の2人のみ。左腕投手としては歴代1位の大記録だ。

057/100

「広商野球」を生んだスパルタ&精神修行 鬼より怖い石本秀一

1924年夏 1929年夏 1930年夏

「鬼より怖い」超スパルタ特訓

数々の「名将」「名物監督」を生んできた甲子園の檜舞台。この地から最初にその名を轟かせた名将が、甲子園でもプロの世界でも覇権を手にした石本秀一だ。

石本は1897年、広島県広島市生まれ。広島商に入学すると、エースとして1916年夏の第2回、1917年夏の第3回大会に連続出場を果たした。その後、大学～社会人野球を経て、大阪毎日新聞の広島支局で記者をしていた折、低迷していた母校のあまりの不甲斐なさに激怒。自ら志願し、1923年に26歳で監督に就任。ここから、「鬼より怖い」と言われた石本による、超スパルタ特訓の日々が始まることになった。

シゴキが当たり前だったこの時代においても、石本の厳しさはさらに別格だった。日々のビンタは当たり前。練習のノックでも、エラーをした選手はスパイクを履いたままその場で座禅をさせられた。さらに、伝説として語り継がれているのが「真剣刃渡り」や「火渡り」といった荒行だ。日本刀の刃を上に向け、その上を素足で歩かせることで、何事にも動じない精神の統一を修練していたというから驚くほかない。

「広商野球」の生みの親

そんな石本が目指した野球は、機動力やバントを活かした、今でいう「スモールベースボール」だ。きびしい〝修行〟に耐えた選手たちは、1924年、完成したばかりの甲子園球場で初開催となった第10回大会に出場。初戦で名門、和歌山中（現・桐蔭／和歌山）を倒すと、そのまま勝ち進んで、栄えある「甲子園球場初代優勝校」となった。商業校の優勝は初の快挙であり、以降、長く続く「商業校優位時代」の先駆けとなった。

石本はその後、1929年と1930年の夏の大会で、和歌山中以来となる史上2校目の「夏連覇」を達成。さらに、翌1931年春のセンバツでも優勝し、史上初の「夏春連覇校」に。石本の目指す野球は「広商野球」と呼ばれ、多くの学校の見本となった。

また、1936年には大阪タイガースの監督に就任。「ダイナマイト打線」を編成して優勝2回。1950年には広島カープの設立にも大きな役割を果たし、初代監督を務めた。最終的には、プロの世界で5球団の監督を歴任。プロ・アマを通じて結果を残した稀有な人物として、日本野球史を代表する指導者の1人となったのだった。

球春到来を告げるセンバツ大会歌と入場行進曲の明暗

1934年春
1993年春

入場行進曲のほうが話題になって……

「春はセンバツから」――。大会主催者でもある毎日新聞社が毎年使う、おなじみのキャッチフレーズだ。この名文句が紙面に初登場したのは1934年の第11回センバツ大会というから、歴史と伝統の重みも感じる。そんな有名なキャッチフレーズがある一方で、春のセンバツ大会歌はあまり知られていないのではないか。正解は「今ありて」。作詞が阿久悠、作曲が谷村新司と作者の知名度は高いにもかかわらず、夏の選手権大会歌「栄冠は君に輝く」と比べると、曲自体の知名度はかなり低い。阿久悠といえば、夏の甲子園期間中にスポーツニッポンに寄稿していた名文『甲子園の詩』のイメージが強いが、どっこい、春のセンバツのほうが関わりは深いのだ。

「今ありて」は、3代目のセンバツ大会歌。1993年の第65回記念大会から採用され、この大会では開会式の入場行進曲としても使用された。それ以前の大会歌は「陽は舞いおどる甲子園」。キャッチフレーズと同じ1934年に誕生し、戦争による中断を挟んだとはいえ、60年にわたって愛された曲だった。「栄冠は君に輝く」は誕生からすでに70年。「今ありて」との知名度の差は歴史の長さということか。

また、センバツの曲といえば、大会歌以上に、前年ヒット曲が採用される入場行進曲が話題に上りやすい。このこともまた、「今ありて」の存在感を弱めていると考えられる。

なんと坂本九の歌が5曲も！

入場行進曲に前年のヒット曲を採用するようになったのは1962年の第34回大会からで、この時は、坂本九が歌う世界的ヒット曲「上を向いて歩こう」。以降、50曲以上が春の訪れを奏でてきたことになるが、実は、もっとも多くの曲が採用された歌い手も坂本九なのだ。「上を向いて歩こう」以外に、「幸せなら手をたたこう」（1965年）、「ともだち」（1966年）、競作の「世界の国からこんにちは」（1967年・1970年）と、この時代のセンバツは坂本九とともにあった。また、2002年の「明日があるさ」はウルフルズらによるカバー曲だが、元をたどれば坂本九のヒット曲だ。

なお、「今ありて」は、前述した第65回記念大会以外に、2018年の第90回記念大会でもセンバツ入場行進曲に採用されている。今一度、この名曲にも光が当たらんことを。

059／100

水島漫画のリアル版「ドカベン」「球道くん」が甲子園を沸かせる

1979年
1980年

「ドカベン」は浪商・香川伸行

漫画家・水島新司が日本の野球文化にもたらした功績は計り知れないものがある。解説者のコメントで、「ドカベンのようなプレー」「ドカベンでもこんなシーン描けない」といったフレーズを耳にすることも決して珍しいことではない。そんな水島漫画の影響を色濃く受けた2人の球児が、同時期に甲子園を賑わせたことがあった。

水島漫画の代表作といえば、今もシリーズが続く『ドカベン』だ。この主人公・山田太郎と同じ巨体、キャッチャー、スラッガーといった特徴から、ズバリ「ドカベン」の異名で呼ばれたのが1978年春と翌79年の春夏、計3度出場した大阪の名門・浪商（現・大体大浪商）の香川伸行。エース牛島和彦とのバッテリーは、戦後最強コンビとも言われた。

79年春の第51回センバツ大会では、初戦でバックスクリーンに飛び込む、飛距離130

メートルの特大アーチ。92キロの巨体を揺すりダイヤモンドを一周する姿は大いに人気を呼んだ。香川は準決勝でも大会2本目のホームランを含む3安打の活躍。決勝では箕島（和歌山）との打撃戦の前に1点差で敗れたが、香川自身は2安打2打点と気を吐いた。

最後の夏、第61回選手権では2回戦から準々決勝まで、甲子園新記録となる3試合連続ホームラン。浪商は準決勝で敗れたが、香川は3戦連発と春に打った2本塁打で、甲子園通算を5本とし、1920年代に山下実（第一神港商）が樹立した通算4本を抜く新記録を達成。清原和博（PL学園）に抜かれるまで、甲子園史上最強のホームラン打者だった。

「球道くん」は高知商・中西清起

水島漫画の他の代表作『球道くん』のタイトルがニックネームとなったのが、主人公の豪腕投手・中西球道と同じ姓を持つ、高知商（高知）のエース・中西清起だ。甲子園初登場は1年生だった1978年夏、第60回選手権。控え投手の立場だが準優勝を経験した。

1979年春のセンバツではドカベン香川のいた浪商と対戦。だが、中西に登板機会がなく、ドカベンvs球道くんは幻に。チームも敗れてしまう。だが、最終学年で迎えた80年春、第52回センバツ大会では、大会屈指の右腕の前評判どおりの見事なピッチング。1回戦から決勝まで5試合を1人で投げ抜き、高知商に初優勝をもたらしたのだった。

余談だが、『球道くん』で中西球道が優勝した唯一の大会も、春のセンバツである。

1965年夏

060/100

若き名将・原貢が炭坑町に灯をともす工業校初の全国制覇

明治期に炭坑町として発展し、国内最大の三井三池炭坑を抱えていた福岡県大牟田市。

そんな炭坑の町も、60年代になると石炭産業の斜陽化で暗い影が射していた。大量解雇に端を発した三池争議、４５８人もの死者が出た炭じん爆発事故の発生などがあり、人口も減り続けていた。そんな中、希望の光となったのが１９６５年夏、第47回選手権で初出場を果たした三池工だ。炭坑で働く「ヤマの子」たちも多数在籍していたこの野球部を率いたのが、のちに「アマ球界のドン」と呼ばれる、若き日の原貢だった。

スパルタ指導で鍛えられた「ヤマの子」

原貢が三池工の監督に就任したのは１９５９年、まだ23歳。就任後の数年間はまったく結果が出ず、のちの名将の姿をこの頃に想像できた人はいないだろう。

だが、スカウト活動に精を出して少しずつ有力選手が集まると、絵に描いたようなスパルタ指導で彼らを鍛え上げ、1965年夏、念願の甲子園初出場を果たす。

ついにたどり着いた甲子園。初戦の相手は優勝候補の高松商（香川）だったが、延長13回の激闘の末にサヨナラ勝ち。続く試合は打線が爆発して大勝したが、準々決勝では報徳学園（兵庫）相手にまたも延長サヨナラでの辛勝。続く準決勝も1点差での勝利。薄氷を踏む勝ち上がり方で、なんとか決勝まで駒を進めた。

ヤマの子vsウミの子

決勝の相手は、黒潮打線と呼ばれた打力のチーム、千葉の銚子商。「ヤマの子とウミの子の対決」と注目されたこの決勝戦、両軍無得点のまま試合は終盤7回裏。三池工が二死一・二塁とチャンスをつかむと、原監督の指示は「カーブを狙え！」。そのカーブを強振した打球は決勝点を奪うタイムリーヒットに。ついに優勝までも手にしたのだった。

初出場初優勝は10年ぶり10校目。工業校の優勝は史上初の快挙。そして何より、「炭坑に再び灯をともした」として大きく報じられ、凱旋パレードには人口21万人の町に30万人が殺到する騒ぎに。この時、原貢監督29歳。そしてこの一連の狂騒曲を間近で見ていたのが、当時7歳だった原辰徳少年。彼はこの夏、野球の魅力と魔力に目覚めた。三池工での実績を買われて三顧の礼で迎えられ東海大相模（神奈川）の野球部監督へと転身した父とともに、甲子園で「原フィーバー」を巻き起こす（P120）のは、9年後のことだ。

ゆりかごの豊中 伸びゆく鳴尾 球春の声は山本から

1915年 1917年 1924年

「甲子園大会」の呼び名で親しまれている球児たちの夢舞台。だが、甲子園球場が開場したのは1924年8月開催の第10回大会から。それ以前は別の球場で行われていた。

最初の舞台は、大阪府豊能郡豊中村（現・豊中市）の豊中グラウンド。この地で大会が産声をあげたことから、「ゆりかごの豊中」とも呼ばれている。もともとここは400メートルのトラックを持つ運動場で、外野フェンスも観客席も何もない状態。外野にはホームから100メートルのところにロープを張って対応した。

専用球場建設をあと押しした「観客グラウンド乱入事件」

翌年の第2回大会も豊中グラウンドでの開催となったが、簡易的な観客席では日に日に増加する観客の数に対応しきれなくなったため、1917年の第3回大会から、舞台を兵庫県武庫郡鳴尾村（現・西宮市）にあった鳴尾球場（鳴尾運動場）へと移した。さらに盛り上がりを見せる大会は「伸びゆく鳴尾」と表現された。

ただ、この球場も、観客席は5000人収容がやっとの仮設スタンド。ほどなくして、高まり続ける中等学校野球の人気に対応しきれなくなってしまう。その象徴的な出来事が、1923年の第9回大会で起きた「観客グラウンド乱入事件」だ。朝日新聞社発行の『全国高等学校野球選手権大会史』（1958年刊）にはこんな記述がある。

《鳴尾運動場ではどうにもならないという事態が起きてしまった。（中略）押し合いへし合いしながらもどうにか秩序を保っていた大観衆は、試合見たさの一念にかられて、ついに一塁、右翼側の一部がどっと場内に流れ込み試合の続行を不可能にしてしまったのである》

こうしたトラブルもあって、1924年、ついに専用球場の建設が決定したのだった。

センバツ発祥は名古屋から

一方、春のセンバツは1924年4月1日、愛知県名古屋市の郊外にあった「山本球場」で第1回大会の幕が開いた。当時の収容人員は約2000人。とても外野が狭く、しかもレフト方向が狭かったため、第1回大会では8試合で12本も本塁打が生まれた。

中京地区の野球振興の目的もあって開催地に名古屋市が選ばれ、2回目以降は各地を巡回する案もあった春のセンバツ。だが、同年夏に甲子園球場が開場したことから、翌年の第2回センバツは甲子園で開催。以降、全国の舞台は甲子園、として定着したのだった。

2009年夏

日本文理「奇跡の19分」9回2死からの逆襲 決勝戦は終わらない

「つないだつないだ！　日本文理の夏はまだ終わらな〜い！」そう叫ぶ実況アナウンサー。2009年夏、第91回選手権決勝、新潟勢初優勝を目指す日本文理と、愛知の名門・中京大中京の一戦だ。4対10と6点を追いかける日本文理、最終回の攻撃も2死走者なし。だが、奇跡はこの絶体絶命の状況からスタートする。

9回2死走者なしから5点の終わらない攻撃

プレイボール時、中京大中京の先発はエースの堂林翔太。この大会では投打にフル回転で活躍。決勝でもそのスターぶりは健在で、初回の先制2ランに加えて、6回裏にも堂林の安打を含めヒット5本を重ねて6得点。さらに7回裏にも2点を追加し、中京大中京が大量リード。先発・堂林は6回途中で交代し、以降は外野を守っていた。

ただ、最後はエースで勝ちたいと、9回表、背番号1の堂林が再びマウンドへ。簡単に

2死を取り、優勝まであとアウト1つ。だが、日本文理の逆襲はここからだった。1番打者が四球で出塁すると、続く2番の二塁打で一気にホームに還り5対10。さらに3番打者の三塁打で1点を追加。6対10と差は4点に。だが、続く4番打者は、平凡なサードへのファウルフライ。誰もが「終わった」と思った瞬間、中京大中京の三塁手がボールを見失ってしまい捕ることができない。甲子園球場はどよめきに包まれた。

これで動揺したのか、堂林は4番に死球を与え、2死一・三塁となって再びマウンドを降りる。それでも日本文理の勢いは止まらず、四球と2本のタイムリーで9対10。2死から5点を奪い、ついに1点差。なおも2死一・三塁。一打同点、長打なら逆転という場面で、この回、日本文理10人目の打者が放った打球は、快音を残してサード方向へ飛ぶ。

敗者に笑顔の日本文理ナイン

抜ければ同点！　という痛烈な打球だったが、運悪く三塁手の真正面。これをつかんで試合終了。中京大中京が1点差勝利で、春夏合わせて史上最多11度目の栄冠を手に。

だが、試合後に満足気な表情を見せたのは、むしろ日本文理ナイン。〝奇跡の逆転劇〟はかなわなかったが、それに等しい濃密なドラマの主人公となったのは間違いなかった。彼らが見せた9回2死からの逆襲は19分間。その短い時間以上の見応えと興奮は、甲子園決勝という大舞台だからこそ生まれた、珠玉のドラマだった。

063/100

日大三、夏の優勝2回「強打が伝統」の難題をクリアの小倉全由

2001年夏 2011年夏

大会歴代最高チーム打率で夏制覇

強打を自慢にするチームは数あれど、甲子園で勝ち続ける、という結果に結びつけられるチームは意外と少ない。にもかかわらず、その強打をもって21世紀に2度も夏の選手権を制した学校がある。東京の古豪・日大三。率いるのは名将、小倉全由だ。

学生時代、日大三野球部で副主将を務めた小倉は、高校卒業後も学生コーチとして母校野球部に関わり続けた。大学卒業後、関東一（東東京）の監督に就任し、指導者の道へ本格参戦。すると、就任5年目にして早くも甲子園出場。さらに2年後の1987年春、第59回センバツ大会では準優勝。29歳の若さで一躍、注目監督の仲間入りを果たした。

1997年冬、監督として母校・日大三野球部に復帰。2年後の1999年、野球部創部70年の節目に春夏連続で甲子園出場を果たすと、さらに2年後の2001年夏、第83回

選手権において、大会歴代最高記録（当時）のチーム打率・427の強力打線を率いて全国制覇。かつてセンバツを制したことのある古豪・日大三にとっても、夏の選手権優勝は初めてのことだった。

6試合連続2ケタ安打で2度目の夏制覇

打線は水モノ。だからこそ、それはなかなか伝統にはならない。だが、小倉率いる日大三は、2010年春のセンバツでも5試合中3試合が2ケタ得点という攻撃力で準優勝までたどり着く。そして迎えた2011年夏、第93回選手権で、「強打の日大三」の本領発揮。高山俊、横尾俊建らを擁した強力打線は、初戦から決勝まで6試合連続2ケタ安打、6試合中4試合で2ケタ得点、ホームラン6本を記録。決勝戦も11対0の圧倒的破壊力で、2度目の全国制覇を達成したのだ。

2018年春までの〝小倉監督〟としての戦績は、関東第一と日大三を率いて甲子園春夏通算20回出場、通算33勝。「私は選手と一緒に汗を流し、笑い、泣く。そんな監督です」と語る稀代の名将は、妻を自宅に残し、野球部寮に単身赴任。日大三名物「汗と涙の冬合宿」では、文字どおり〝朝から晩まで〟猛練習。小倉自身もランニングに加わり、毎日2時間、約500球のノックを2週間くり返す。歴代OBや現役球児の家族も見守る中で迎える合宿最終日の光景は、もはや高校野球冬の風物詩でもある。

夏と春とで音源が違《ほか》う!?「イエス」深淵なる校歌斉唱

1929年春
1957年夏
1976年夏

日本人女性初のオリンピックメダリスト、人見絹枝の発案で、1929年のセンバツ大会から採用された甲子園での校歌斉唱（P168）。今では、勝ったチームが高らかに校歌を歌い上げるシーンは甲子園の風物詩だ。だが、そんな当たり前の光景も、春と夏とで〝進化〟の過程が異なることは、あまり知られていない。

夏は主催者録音。春は学校から取り寄せ

センバツが起源の校歌斉唱が、夏の選手権で導入されたのは、遅れること28年後の1957年、第39回大会から。実は長らく、春だけの趣向、として定着したものだった。

ただ、夏の選手権で導入する際には、後発だからこその企画的なひと捻りがあった。それは、伴奏で流す曲が「歌入り」になったこと。それまで、センバツの校歌斉唱ではメロディだけが流れていたのだ。この「歌入り」校歌斉唱が好評を博し、センバツでも197

5年以降は歌入り音源を使用するようになった。なお、夏に流す音源は、大会前に主催者側が出場校から楽譜を取り寄せ、プロの男性コーラスによる合唱を録音したものを使用。一方、センバツでは各学校に音源を用意してもらう、という違いが今も続いている。

また、かつての校歌斉唱は勝った学校だけに許された権利で、半分の学校は校歌を歌えずに甲子園を去っていた。だが、1999年以降は春夏問わず、初戦の2回表裏に両校校歌を場内放送で流すことが慣例化。全出場校の校歌を耳にすることができるようになった。

「イエス　イエス　イエスとイエス」

校歌斉唱を巡っては、ちょっと風変わりな曲調や歌詞で、観客やネットがざわつくことがある。至学館（愛知）のJポップ調校歌「夢追人」、導入とサビに英語が入る健大高崎（群馬）の校歌「Be Together」などが代表例だろう。そんな〝インパクト校歌〟のはしりと言われているのが、1976年夏、第58回選手権での桜美林（西東京）だ。桜美林はこの大会で初出場初優勝の快挙を達成。東京勢の優勝は第2回での慶応普通部以来60年ぶりだったことや、PL学園（大阪）との決勝戦が延長サヨナラの劇的展開だったことなど、さまざまな面から話題を集めたが、さらに印象を強めたのが「イエス　イエス　イエスとイエス　イエスと叫ぼ～うよ～♪」と締めくくる桜美林の校歌。この大会で5度も校歌を歌い上げ、その名（と校歌）を全国に知らしめたのだった。

衝撃の大量得点試合 夏はPL、春は横浜 終わりなき攻撃

1985年夏 2006年春

夏は29対7、春は27対0

コールドゲームのない甲子園。そのため、時に残酷な得点差の試合を目撃することがある。新聞でも「記録破りの猛打」と報じられたのが、１９８５年夏、第67回選手権２回戦、ＰＬ学園（大阪）と東海大山形（山形）の一戦だ。

ＰＬが誇るエース桑田、４番清原の「ＫＫコンビ」（Ｐ１５２～１５５）最後の夏。その初陣を見ようと詰めかけた５万人以上の大観衆が、惨劇の目撃者となった。ＰＬは３回終了時点で早くも２ケタ得点を叩き出すと、その後も打って打って打ちまくり、５回までに20得点。この回まで投げた東海大山形の先発投手が、山形大会で右ひじを疲労骨折していてまともに投げられる状態ではなかった不運に加え、ＰＬの猛攻は容赦がなかった。

その後も、代わった投手から得点を重ね、終わってみれば大会史上初の毎回得点となる

29点。29対7という衝撃的なスコアになった。1試合最多安打(32)、1試合最高打率(・593)、1試合最多塁打(45)とともに、いまだ破られぬ大会記録だ。

一方、春のセンバツにおける最多得点、最多点差ゲームは、1937年の第14回大会、滝川中(兵庫)vs浦和中(埼玉)の27対0。この記録もすごいが、2006年、第78回センバツ決勝、横浜(神奈川)対清峰(長崎)の試合も衝撃的。先攻の横浜が6対0とリードして迎えた6回、打者15人の猛攻で9点を加えて試合を決めた。最終的なスコアは21対0。勝った横浜の渡辺元智監督は、「打ったことより、(大量得点に気を緩めず)0点に抑えてくれた。それが嬉しい」と選手たちを讃えた。

122対0は青森大会で

なお、甲子園の舞台ではないが、地方大会ではさらなる衝撃的なスコアがある。1998年の青森大会2回戦、東奥義塾と深浦の試合だ。1回表に39点を取った東奥義塾は7回までに86本のヒットと78個の盗塁を決め、122対0の7回コールドゲームを記録した。

この試合以前、コールドゲームの規則は都道府県ごとにバラバラ。青森県では7回終了時までコールドゲームは成立しなかった。だがこの試合後、「5回終了時で10点、7回終了時で7点差がつけばコールドゲームとする」と全国的に統一。漫画のようなとんでもない試合は、規則まで変えてしまったわけだ。

1983年 夏
1984年 春夏
1985年 春夏

甲子園20勝投手 桑田真澄の3年間

KKコンビ伝説

背番号11の1年生エース、早稲田実（東東京）の荒木大輔が甲子園を席巻したのが1980年夏。ここから5季連続で甲子園のマウンドに立ち続け、通算12勝5敗の好成績を残した荒木が卒業した1983年、入れ替わるように背番号11を付けた1年生エースが甲子園に登場。荒木同様、5季連続で甲子園のマウンドに上り続けた。その投手こそ、学制改革以降では史上唯一の「甲子園20勝投手」、PL学園（大阪）の桑田真澄だ。

甲子園通算20勝3敗、防御率1・54

身長174センチ。強豪校の投手としては小柄ではありながら、類いまれな野球センスで1年夏からベンチ入りを果たした桑田。大阪大会での活躍から甲子園では主戦投手に抜擢され、荒木の去った甲子園に現れたニューヒーローとして、一気に注目の的となった。

準決勝では、優勝候補筆頭、3季連続優勝を目指していた池田（徳島）と対戦。誰もが池田の勝利を予想する中、桑田は池田の「やまびこ打線」を完封。池田時代からPL時代へ、政権交代を告げる試合となった。その勢いのまま決勝では横浜商（神奈川）を破り、1年生で全国制覇の味を知った桑田。この大会も含め、3年間の甲子園通算成績は以下だ。

・1983年夏：第65回選手権　6試合4勝0敗（完封2）優勝
・1984年春：第56回センバツ　4試合3勝1敗（完封1）準優勝
・1984年夏：第66回選手権　6試合5勝1敗　準優勝
・1985年春：第57回センバツ　4試合3勝1敗（完封1）ベスト4
・1985年夏：第67回選手権　5試合5勝0敗（完封1）優勝

4月1日生まれの桑田は、今後も並ぶことはあっても破られることのない「史上最年少優勝メンバー」（学制改革以降）に。通算25試合登板で、20勝3敗（5完封）、防御率1・54。清原和博との「ＫＫコンビ」の一翼として、常勝ＰＬ学園の屋台骨を支え続けた。

甲子園史上最高の二刀流選手

桑田を語る上で欠かせないのが打撃面での活躍だ。1年時は池田戦での豪快な2ランを含むホームラン2本。3年間でホームラン6本。これは1位の清原和博（13本）に次ぐ、大会2位タイの記録だ。桑田真澄こそ、「甲子園史上最高の二刀流選手」だったといえる。こんな好打者が清原の後ろを打っていたからこそ、当時のＰＬは最強だったのだ。

067/100

1983年夏
1984年春夏
1985年春夏

甲子園13ホーマー 清原和博の3年間 KKコンビ伝説

ホームランは野球の華。その放物線を、大甲子園でもっとも描いた男が、大阪の強豪・PL学園「KKコンビ」清原和博だ。1983年夏、名門PLの「1年生4番」として甲子園に初登場して以降、5季連続で出場し続けた清原。5大会26試合で13本。つまり、2試合に1本ペースで打ちまくったのだ。

出発点は3タコ、4タコ

2試合に1本ペースといっても、もちろん初めから打てたわけではない。むしろ、甲子園デビューから2試合はノーヒット。KKコンビの盟友、桑田真澄が完投勝利、完封勝利という圧巻のデビューだったのに対して、清原は3タコ、4タコでのスタートだった。

だが、4試合目の準々決勝。桑田が初めてノックアウトされた試合で、清原はチームを勝利に導く3打点の活躍。次戦、準決勝の池田戦は4打数4三振とまったくいいところがなく、ホームランと完封勝利を決めた桑田の引き立て役となったが、決勝では再び清原が爆発し、先制となる甲子園初ホームラン。KKの2人が交互に活躍を演じ、誰も予想しえなかった1年生のエース&4番による全国制覇、という伝説を作ったのだ。

「甲子園は清原のためにあるのかっ!」

ホームラン数だけではない清原和博の凄さを、甲子園の成績から振り返ってみる。

- 1983年夏:第65回選手権　23打数7安打5打点1本塁打　優勝
- 1984年春:第56回センバツ　17打数8安打8打点3本塁打　準優勝
- 1984年夏:第66回選手権　21打数10安打7打点3本塁打　準優勝
- 1985年春:第57回センバツ　14打数5安打1打点1本塁打　ベスト4
- 1985年夏:第67回選手権　16打数10安打8打点5本塁打　優勝

特筆すべきは、5大会で91打数40安打、打率・440という確実性だ。名門校で1年から4番を務めたからこそ、ただ遠くに飛ばすだけでなく、勝つためのチームバッティングを身につけていたのが清原だった。特に、最後の夏、重圧のかかる準々決勝以降で10打数7安打、ホームラン5本。決勝戦ではチームを優勝へと導く2打席連続ホームラン。その凄まじさを伝えるべく、朝日放送の植草貞夫アナは、実況中にこんな名文句を残している。

「甲子園は清原のためにあるのかっ!」

068/100

1924年春

春のセンバツ始まる 初代代表8校と 初代王者・高松商

春の風物詩としても定着している選抜高等学校野球大会。その産声があがったのは1924年4月1日、愛知県名古屋市郊外にある山本球場が舞台だった。開催のきっかけは、夏の全国大会の人気ぶり。年々、野球熱が高まるにつれて、もう1つ全国的な権威ある大会の新設を求める声が全国各地で盛り上がりを見せていた。

また、夏の全国大会は、地方大会から全国優勝まで、負けたら終わりの勝ち抜き戦。運に左右されて実力が出し切れなかったり、地区のレベルが高過ぎて、実力があっても代表校になれない場合もある。ならば、全国から優秀なチームを選んで試合をさせたらどうか……。そんな声から、毎日新聞社主催で始まったのがセンバツ大会だ。

野球王国・四国からのチャレンジャー

栄えある第1回大会に選抜されたのは、東京・東海・近畿・四国の4ブロックから、リーグ戦などの成績により和歌山中、早稲田実、横浜商、愛知一中、立命館中、市岡中、高松商、松山商の8校。中でも「野球王国」と呼ばれるほど野球熱の高かった四国からは、いつも松山商の厚い壁を破れず夏の大会には出場できなかった高松商を加え、特別に2校を選出。そして、その高松商が、見事に期待に応えてみせた。

1回戦、当時〝最強軍団〟とうたわれた和歌山中を相手に、1回裏、高松商の先頭打者、野村栄一が放った打球は、山本球場の狭いレフト奥のトタン塀を越える大会第1号ホームランに。その後、一度はリードを許しながら、9回裏に一挙3点を返して劇的な逆転サヨナラ勝ち。続く準決勝にも勝利し、早稲田実との決勝戦を迎えた。

名門同士の決戦、高松商vs早稲田実

夏の全国大会にも、第1回大会から出場しながら優勝経験のなかった早稲田実。それだけに、センバツでの優勝に期するものがあったが、フタを開けてみれば勝ったのは高松商。4回にホームランで先制すると、7回にも貴重な勝ち越し点をあげ、2対0で勝利。夏の大会も通じて四国勢として初めて優勝を果たし、紫紺の優勝旗を四国に持ち帰った。高松商は翌年夏の大会でまたも早稲田実を下し、四国勢で初めて夏を制している。

ちなみに、この大会で出たホームラン数の多さは、当時としては異例の12本。球場の狭さもあって長らく参考記録扱いだったが、現在では公式記録として認定されている。

［P130］「怪物くん」、作新学院（栃木）の江川卓投手、3年時の投球フォーム。「江川の大会」とまで言われた、1973年の第55回センバツ、2回戦の銚子商（千葉）戦。8月16日。

069/100

2004年春

初出場初優勝を2度！宇和島東＆済美を率いた上甲監督

初出場初優勝。それは、ファンが好む甘美な響きであり、奇跡の産物。そんな「ミラクル」を2度も起こしたのが、愛媛の宇和島東と済美を率いた上甲正典監督だ。特に2度目の快挙、2004年春のセンバツでの戦いぶりは、「ミラクル済美」として語り継がれている。その理由の1つは、済美が当時、野球部創部からわずか3年目での出場だったから。済美が勝って歌い上げる校歌には「やればできるは魔法の合言葉」の歌詞。まさに〝やればできる〟選手たちが、魔法のようなミラクルを巻き起こしたのだ。

創部2年でつかんだセンバツ初出場

1988年春、第60回センバツ大会で、母校・宇和島東を初出場初優勝に導いた上甲監督。だが、2001年に妻を亡くしたショックから監督を辞任。そんな時に声をかけてきたのが、2002年の男女共学化を機に野球部を創部したばかりの済美だった。

当初は何度も断った上甲だったが、「うちの人から野球を取ったら何が残るの」という妻の言葉を思い出し、就任を受諾。すると、上甲監督が指導すると聞きつけ、実績が何もない学校にもかかわらず、のちにプロ入りする高橋勇丞、鵜久森淳志、1年遅れて福井優也など将来有望な選手が多数集結。わずか2年でセンバツ出場の切符をつかみ取った。

2校で優勝は史上3人目の名将

2004年春、第76回センバツ大会に出場した済美は、4番・鵜久森のホームランなどで1回戦を9対0と大勝。2回戦もセンバツ優勝4回を数える名門、東邦（愛知）を相手に1対0で勝利。2年生エース福井は2試合連続完封勝利を挙げた。続く準々決勝の相手は、前年夏の甲子園で準優勝し、この大会でも1回戦でノーヒットノーランを演じたダルビッシュ有擁する東北（宮城）。だが、そのダルビッシュが右肩の痛みで登板できない運も手伝って、最後は高橋の劇的な逆転サヨナラ3ランが飛び出し、7対6で勝利した。

準決勝の明徳義塾（高知）戦も7対6と、なんとか1点差で勝利を収めて決勝に進出した済美。決勝では、強豪・愛工大名電（愛知）に6対5と粘り勝ち。こうして済美と上甲監督は、大会5試合中4試合が1点差という劇的な勝利ばかりで、創部わずか3年目での「センバツ初出場初優勝」を達成。紫紺の優勝旗を手にしたのだ。監督として異なる2つの学校を甲子園優勝に導いたのは、原貢、木内幸男に次ぐ、史上3人目の快挙だった。

070/100

初代ミラクル優勝
敗者復活から王者
愛知一中

1917年夏

発勝負のトーナメント戦で競う高校野球。「負けたら終わり」という緊張感がさまざまな名勝負とドラマを生んできた。だが、100年の歴史において、第2回と第3回の2大会だけ、一度負けたチームにもチャンスがある「敗者復活戦」を採用。第3回大会では、この敗者復活を勝ち上がった学校が優勝する珍事があった。

主催者抽選で甦った敗者復活校

1917年の第3回大会では、予選118校から勝ち上がった12校が全国大会に進出。その中の1つ、愛知一中（現・旭丘／愛知）は、1回戦で3対4と惜しくも敗退。主催者抽選による敗者復活へと回ることになった。復活できるのは、1回戦で負けた6校のうち4校。愛知一中はまず、この4／6の幸運をモノにすると、翌日の敗者復活戦では、エースで主将の長谷川武治が、被安打2、10奪三振の好投で1対0の完封勝ち。ダブルヘッダーとなった午後の準々決勝ではエラーから1点を失ったものの、許したヒットは0。17奪三振という快投で2対1と連勝。すると翌日の準決勝でも、被安打2、11奪三振の力投を見せ、2対1でまたも1点差勝ち。兵庫の関西学院中との決勝戦を迎えた。

すべて1点差の「ミラクル愛知一中」

投手戦となった愛知一中対関西学院中の決勝戦。0対0で迎えた6回表、守る愛知一中は1死満塁のピンチを迎え、内野ゴロの間に1点を失ってしまう。ところがその裏、2死となった場面で猛烈な夕立が球場を襲った。これで困ったのが、羽織袴でジャッジをしていた審判。あとアウト1つで試合が成立するというのに、「もうたまらん」と降雨ノーゲームを宣告。決着は、翌日の再試合へと持ち越しになったのだ。

翌日の再試合はまたも投手戦となり、0対0で延長戦に突入。14回表、愛知一中は、エラーで出塁したランナーを三塁に置いて、ボテボテのゴロが内野安打となり、1点を先制。この1点を守り抜いて劇的な優勝を飾ったのだ。

終わってみれば、愛知一中の試合はすべて1点差。降雨ノーゲームの幸運も含め、今の時代なら「ミラクル愛知一中」と呼ばれる戦いぶりで初優勝を飾った。エース長谷川が5日間で56イニングを投げ抜いたことも話題となったが、それ以上に「一度負けた学校が優勝するのはいかがなものか」と物議をかもし、翌年から敗者復活制度は廃止となった。

神奈川V＝全国V 横浜の渡辺＆小倉 強力な二頭体制

1973年春 1980年夏 1998年春夏 2006年春

〝精神〟の渡辺と〝技術〟の小倉

「神奈川を制するものは全国を制す」昔からよく使われる高校野球格言の1つだが、決してオーバーな表現ではなく、参加校の数、そして強豪校の数ともに全国トップレベル。そんな神奈川の高校野球を長年にわたってリードしてきたのが横浜高校。そして、この横浜で指導者を50年務め、強豪校に育て上げたのが〝名将〟渡辺元智監督と、〝名参謀〟と呼ばれた小倉清一郎コーチ。横浜野球部ＯＢの2人だ。

指導者になったばかりの頃は、ひたすら猛練習の日々だったという渡辺。当時の横浜には照明設備がなく、夜になると車のライトを灯して守備練習を繰り返していた。真上から照らす照明と違って、横から照らす車のライトは光が目に入り、本来は守備どころの話ではない。だが、眩しいのは、腰の高さが中途半端で構えるからであり、腰を低くして守れば眩しくないことを発見。このおかげで横浜の守備力はアップ。1973年春、第45回センバツでの初出場初優勝という快挙につながったという。

1980年には、左腕エース・愛甲猛の活躍で夏の選手権初優勝。愛甲は地元では有名な、警察の世話になることも珍しくなかった悪ガキ。渡辺はその問題児を自宅に住まわせ、私生活の面倒まで見ることで野球に集中させた。その熱意がもたらした全国制覇だった。

愛甲に限らず、選手との対話を通して精神面の指導をするのが渡辺監督の大事な役目。一方、小倉コーチは技術的な指導と、相手チームを徹底的に研究して丸裸にするのが仕事。また、有望な中学生の存在を聞きつけると、マメに足を運んで誘うのも小倉コーチの役目だった。そんな二頭体制の集大成となったのが1998年。小倉の熱烈な誘いを受けて入学した松坂大輔を徹底的に鍛え上げ、史上5校目の春夏連覇を達成したのだ（P16）。

4つの年代で全国を制した唯一の監督

2006年のセンバツ大会では、決勝戦で21対0というケタ違いの打撃力を発揮し、5度目の優勝を達成した横浜。その後、小倉は2014年に、渡辺は2015年で指導から退き、現在は2人の教え子である平田徹監督にバトンタッチしている。

渡辺は史上3位タイ（2018年春時点）の春夏通算51勝（22敗）をマーク。70・80・90・00年代と、4つの年代で全国を制したのは史上唯一、渡辺のみの大偉業だ。

1946年夏
1947年春

072/100

野球に飢えていた戦後の復活ぶり 再開の地は西宮

球音、再び。太平洋戦争終結からちょうど1年後の1946年8月15日、全国中等学校野球大会が復活した。ただ、甲子園球場はアメリカ軍（GHQ）が接収中のために使用できず。代替地に選ばれたのは、奇跡的に被害の少なかった西宮球場だった。

野球に飢えていた日本人

開催はもちろん簡単ではなかった。ボールもない、バットもない、それどころか食糧も寝る場所もない。ないないづくしの中ではあったが、それ以上に「また野球ができる」という喜びのほうが大きく、予選参加校は過去最大の745校。破れたボールや折れたバットを修繕しながら使い続け、勝ち上がってきた19代表の活躍を見ようと、西宮球場には連日3万人以上のファンがつめかけた。それほど、日本は野球に飢えていたのだ。

宿舎の代わりに、関西学院大の寮に「選手村」が設けられ、選手たちは米や野菜などの食糧を持参。負けたチームが勝ったチームに食糧を譲る光景も見られた。

そんな大会を制したのは大阪の浪華商（現・大体大浪商）。左腕エースの平古場昭二が、準決勝で大会タイ記録の19奪三振など、4試合すべてで2ケタ奪三振の快挙。戦後初Vを遂げた。なお、浪華商祝福の御堂筋パレードが実施されたが、深紅の優勝旗が赤旗をひるがしてのデモと勘違いされ軍警察に止められる、というハプニングも起きている。

センバツ復活は甲子園で

夏の大会の復活を受け関係者の間では、翌年のセンバツ大会を甲子園球場で復活開催することが目標となった。だが、GHQは「全国大会は年に1度でいい」といった理由から開催には否定的。のちに高野連会長となる佐伯達夫らの尽力、GHQの通訳だった三宅悦子の必死の説得によって、「この年限り」という条件で開催にこぎつけた。

1947年3月30日、6年前の第18回大会で優勝した東邦商（愛知）が、戦炎の中で守り抜いてきた紫紺の優勝旗を返還。ついに聖地・甲子園に球音が戻ってきた。

崩壊のおそれがあったためアルプススタンドの一部は立ち入り禁止だったが、球場には立錐の余地もない人の波。準決勝2試合には8万人の観衆が詰めかけた記録が残っている。この光景を見たアメリカ軍関係者は「学生のベースボールにこんなにも人が集まるのか!?」と驚いたという。この大成功が、翌年以降の大会継続の足がかりとなったのだ。

校旗掲揚に校歌斉唱 背番号にヘルメット センバツ発祥事例集

073/100

1929年春 1931年春ほか

陸上選手・人見絹枝がもたらしたもの

センバツならではの制度、といえば、なんといっても2001年春、第73回センバツ大会から制定された21世紀枠（P206）だ。もっとも、この制度以外にも、実はセンバツで始まったもの、実験的に始まって根づいたものは意外と多い。

たとえば、勝利チームの校旗掲揚と校歌斉唱が初めて導入されたのが1929年の第6回センバツ。主催者である毎日新聞の社員だった陸上選手、人見絹枝のアイデアだった。

この前年、アムステルダムオリンピックの陸上・女子800メートルに出場し、日本人女性初の五輪メダリストになった人見は、表彰式での国旗掲揚と国歌斉唱にいたく感動。帰国後、甲子園での校旗掲揚と校歌斉唱を提案すると、翌春のセンバツ大会から採用されるに至ったのだ。同様に、人見の発案から始まったものには、開会式の入場行進における校名プラカードの先導がある。これも、前年にオリンピック開会式など国際大会での体験をもとに提言し、1929年のセンバツから採用されたものだ。

日本の背番号はセンバツから

野球の世界では今や当たり前の、ユニフォームに縫い付けられた「背番号」。アメリカのメジャーリーグで背番号が導入されたのが1929年のニューヨーク・ヤンキースから。一方、日本の野球シーンで初めて背番号が導入されたのは、メジャー導入からわずか2年後の1931年春、第8回センバツ大会から。広い甲子園球場において、どの選手がどこを守っているのか認識しやすくするため、とされている。

ただ、この背番号制度、採用されたのはなぜかこの年のみで、翌年からは背番号なしのユニフォームへと逆戻り。その後、1952年夏の第34回選手権大会で背番号が採用され、それにならう形でセンバツでも、翌1953年から背番号が復活した。

この他にも、高野連連盟旗の掲揚（1949年・21回大会）、事故防止のための耳付きヘルメットの義務化（1972年・44回大会）など、センバツがキッカケで始まったものは多い。このように、野球界に新しい風を送るのがセンバツの役割の1つ、とも言えるだろう。21世紀枠同様、新しい取り組みに向かっていく柔軟性、対応力もセンバツの魅力である。

初のセンバツ連覇 第一神港商の栄枯盛衰物語

何

1929年春
1930年春

ごとも「史上初」を成し遂げるのは大変だ。１９２４年から始まった春のセンバツ大会において、「史上初の大会連覇」を果たしたのが、１９２９年の第６回、翌30年の第７回大会を制した、甲子園の地元・兵庫の第一神港商だった。

校旗を掲げ続けた第一神港商

１９２９年春のセンバツは、さまざまな「初」が起きた大会でもあった。前年のアムステルダムオリンピックに出場した人見絹枝の発案によって採用された「入場式での先導プラカード」と、試合終了後に勝利校の栄誉を讃えるために実施した「校歌吹奏」「校旗掲揚」など（Ｐ１６８）がそうだ。そんな大会において、もっとも多くセンターポールに校旗を掲げ、大会最後にも校歌吹奏と校旗掲揚を果たしたのが、初優勝を遂げた第一神港商だった。

それ以前の同校といえば、完成直後の甲子園球場においてホームランを連発した山下実に代表される、豪快な野球がチームカラーだった。ところがこの大会では、エースの西垣徳雄を中心に攻守にバランスの取れた試合運びを見せ、紫紺の優勝旗と、この当時だけあった副賞・アメリカ遠征旅行を獲得した。

センバツ奪三振王・岸本正治の躍動

翌1930年春のセンバツ。今度は新エース・岸本正治が躍動する大会となる。初戦の一宮中（愛知）戦で19奪三振の完封勝利。準々決勝の高松中（香川）戦では15奪三振でまたも完封勝ち。兵庫対決となった準決勝の甲陽中との試合では10奪三振。そして、決勝の松山商（愛媛）戦でも10奪三振。圧巻の投球内容で大会2連覇を達成した。

岸本は4試合連続の2ケタ奪三振を記録し、大会通算で54奪三振。これは、1973年の第45回センバツ大会で作新学院（栃木）の「怪物」江川卓が4試合60奪三振で更新するまで、43年という長きにわたってセンバツ大会記録であり続けた。岸本の快投で、第一神港商は再びアメリカ旅行をゲット。都合5回しか実施されなかったこの特別な副賞を、第一神港商は2回も獲得したのだ。

この栄光から89年後の2018年春。第一神港商から名前を変えた神戸市立神港高は学校再編・統合により閉校。春夏通算15回甲子園に出場し2度優勝を果たした名門野球部も「閉部」となった。PL学園しかり（P18）、高校野球とは栄光盛衰の物語でもある。

1983年春
1989年夏
1995年夏
ほか

情熱のノックマン
帝京を「東の横綱」に押し上げた前田三夫

絶対的な強さを誇った80年代のPL学園。だが、1987年に春夏連覇をして以降はその強さも一段落。高校球界は群雄割拠の時代へと突入する。そんな戦国甲子園を一歩抜け出し、「東の横綱」と呼ばれるようになったのが東京の帝京高校。強豪校へと押し上げたのは、1972年に就任した前田三夫監督だ。

「やまびこ打線」から学んだ体力強化の重要性

初めて甲子園に出場したのは、監督就任から6年後の1978年春、第50回センバツ大会。機動力野球を標榜し、2年後の1980年、第52回センバツ大会では、好投手・伊東昭光を擁して準優勝を達成した。だが、1983年春のセンバツ1回戦で、この大会で優勝する蔦文也監督率いる池田（徳島）「やまびこ打線」に0対11と惨敗。この敗戦が、その後の指導方針を変えるキッカケとなった。陸上部以上とも称される徹底した走り込みに加えて、ウェイトトレーニングや水泳トレーニングなどで選手の体力強化策を積極的に導入。その一方で、「体づくりをするには筋トレだけではダメ。食べることが大事」と食事の重要性を説き、昼食に米3合を食べる「3合飯」を選手に課すなど、その後、多くの強豪校でも取り入れられる「食事トレーニング」の先駆者的存在となった。

こうして手に入れた高校生離れの体格を武器に、1989年夏、平成初の選手権で帝京は躍進。決勝では仙台育英（宮城）を延長戦の末に破り、ついに全国の頂点に立ったのだ。

甲子園春夏通算51勝

その後も、1992年春の第64回センバツ大会、1995年夏の第77回選手権を立て続けに制し、90年代前半の甲子園をリードした帝京と前田三夫監督。試合以上に見どころ満載、とすら讃えられる芸術的ノック、闘争心を前面に出したベンチからの檄などでも有名で、高校球界きっての名将の地位を確立した。

だが、厳しすぎる指導が仇となって、主力選手が多数退部する、といった事件も経験。以降は選手の自主性も重んじた指導方法を模索するなど、時代とともに新しい道にも挑戦し続ける監督である。

甲子園春夏通算51勝（23敗）は、2018年春時点で歴代3位タイ。指導者歴45年超、1949年生まれの間もなく70歳は、今なお衰えぬ情熱でノックバットを握る。

076／100

嶋清一の大偉業 準決勝&決勝 2連続ノーヒッター

1939年夏

甲子園史上最強の投手は誰か？ その解を1つに絞ることはなかなか難しい。史上最多23勝を挙げて「夏3連覇」を果たした吉田正男、「昭和の怪物」江川卓、「平成の怪物」松坂大輔……など候補者は何人もいる。だが、他の誰も成し得ていない偉大な記録、という意味では、海草中（現・向陽／和歌山）の左腕・嶋清一で決まりだ。1939年、第25回夏の大会において、準決勝&決勝での2試合連続ノーヒットノーランという前人未到、史上唯一の偉業を達成。その投げっぷりは「天魔鬼神の快投」と呼ばれた。

ノーヒットノーランを「された」過去

偉業達成前の嶋には、ある天敵がいた。中京商（現・中京大中京／愛知）の鉄腕、野口二郎（P200）だ。1937年の第23回大会では準決勝で対戦し、1対3で惜敗。雪辱に燃えた翌1938年春、第15回センバツの準々決勝で再戦すると、今度はなんとノーヒットノーランでの完敗。夏春連覇を果たす野口の引き立て役となってしまう。嶋と海草中はその後も2季連続で甲子園に出場するが、どちらも1回戦敗退。結果が伴わない日々が続く。

史上初の2試合連続ノーヒッター

最終学年になった1939年夏。エースで4番、しかも主将として臨んだ最後の大舞台で、嶋はこれまでのうっぷんを晴らすかのような好投を演じた。初戦の嘉義中（台湾）戦が15奪三振&3安打完封勝利。2回戦の京都商（京都）戦は2安打完封。準々決勝の米子中（現・米子東/鳥取）戦が3安打完封勝利。危なげなく準決勝へと駒を進めた。

ここから連戦となって苦しいはずの準決勝、島田商（静岡）戦。ところが嶋は、疲れるどころか17奪三振でノーヒットノーランを達成。続く決勝の下関商（山口）戦でもノーヒッターを演じ、史上初の2試合連続ノーヒットノーランという快挙で全国制覇。この大会では他にも、全5試合完封&45イニング連続無失点での優勝という偉業も達成した。その栄光から59年後の1998年夏、横浜（神奈川）の松坂大輔が決勝戦ノーヒットノーランを達成した際（P16）、あらためて注目されたのが嶋の名前と、松坂以上の大記録だった。

嶋は1945年、24歳の若さで無念の戦死となったが、母校である現・向陽高校野球部では、入部時に嶋の評伝を1冊ずつ進呈し、全部員が先人の偉業について学んでいる。伝説はこうして語り継がれ、受け継がれていく。

早実・清宮幸太郎と広陵・中村奨成ホームラン新時代

2015年夏 2017年夏

「高校野球100年」のメモリアルイヤーとなった2015年夏、第97回選手権。開会式では栄えある初代出場校10校（P26）の後輩球児たちが入場行進の先導を務め、直後の始球式では、甲子園史が誇る英雄、「世界のホームラン王」王貞治（P122）が登場。大会100年史に華を添えた。そんな記念すべき大会をホームランで盛り上げたのが、王の後輩でもある早稲田実（西東京）の怪物1年生、清宮幸太郎だった。

高校通算本塁打記録111本の清宮

1年生にして名門校の主砲としてチームを牽引。早稲田実を5年ぶり29回目の夏の甲子園に導いた清宮は、大舞台でも真価を発揮し、3回戦と準々決勝で2試合連続のホームラン。1年生の大会2本は、1983年のPL学園（大阪）、桑田真澄（P152）以来史上2人目。1年生での2試合連続弾は史上初の快挙だった。

その後も公式戦、練習試合にかかわらずホームランを打ち続けた清宮。1年時に22本、2年時に56本のホームランを放つと、最終学年では33本のホームランを重ね、それまでの高校生最多本塁打記録の107本を抜き、史上1位となる本塁打数通算111本を記録。高校野球史に輝く打者となった。

大会本塁打記録6本の中村

清宮は期待された最後の夏、西東京大会決勝で敗れ甲子園出場はならず。だが、稀代のホームラン打者不在で迎えた2017年の第99回選手権は、皮肉にもホームランで注目を集める大会に。前年の37本を大きく越えただけでなく、従来の大会通算記録（2006年第88回大会）の60本を塗り替える、68本のホームランが飛び出したのだ。

そんな史上まれに見る打高投低の大会を牽引したのが、広陵（広島）の中村奨成。1回戦から3回戦まで3試合連続ホームランを放つと、準決勝でもホームラン2本と甲子園を席巻。1985年のPL学園・清原和博（P154）が記録した1大会最多5本塁打を32年ぶりに更新する1大会6本塁打をマークし、大会史にその名を刻んだのだ。

中村はこの大会でホームラン以外にもとにかく打ちまくり、打率は驚異の・679。花咲徳栄（埼玉）との決勝で敗れ優勝は果たせなかったが、ホームラン以外にも17打点、43塁打はいずれも大会新記録。大会通算19安打と二塁打6本も大会タイ記録だった。

ともに6度出場 2人の天才投手 楠本保と吉田正男

1932年 1933年

1930年代前半、2人の天才投手が甲子園を賑わせ続けた。1人は、「世紀の剛球投手」と讃えられた明石中（兵庫）の楠本保。そしてもう1人が、夏の甲子園3連覇（P118）の偉業を達成した愛知・中京商（現・中京大中京）のエース・吉田正男。「甲子園史上最多勝投手」としても名を馳せる人物だ。ともに1914年に生を受けた2人は、それぞれ甲子園に6度出場。後世に語り継がれる数々の大記録を打ち立てた。

驚異の奪三振ショー：楠本保

楠本保が大きな注目を集めたのは、1932年の第9回春のセンバツ。初戦で3安打完封&大会史上初となる全員奪三振を記録すると、準々決勝でも全員奪三振&1安打完封勝ちという、ほぼ完璧な投球を披露。決勝ではのちにタイガースの主砲として活躍する景浦将がいた松山商（愛媛）と対戦。0対1で敗れて準優勝に終わってしまうが、5試合39イニングで49奪三振をマーク。準優勝校にもかかわらず、大会最優秀選手に贈られる「委員賞」を受賞した。

楠本は同年夏、第18回選手権でノーヒットノーランも達成。またも松山商に敗れてベスト4に終わったが、4試合に出場して64奪三振、1試合平均16奪三振という驚異の奪三振ショー。結局、優勝の2文字には届かなかったが、甲子園通算15勝5敗を記録。明石中卒業後は慶大に進み東京六大学野球でも活躍したが、1943年、無念の戦死となった。

甲子園史上最多勝投手：吉田正男

一方、6大会で23勝（3敗）を挙げ、延々と「甲子園史上最多勝投手」の座に君臨するのが、中京商の吉田正男だ。学制制度の違いで6回出場できたことも大きいが、春は準優勝1回、夏は優勝3回ととにかく強かった。吉田以外の甲子園20勝投手は、1980年代に甲子園5大会出場、優勝2回を成し遂げたPL学園（大阪）の桑田真澄のみ。また、1933年の第19回大会ではノーヒットノーランも達成。通算23勝だけでなく、春9勝（3敗）、夏14勝（無敗）は、ともに「大会最多勝」として彼の名を刻んでいる。

これほどの大投手でありながら、学生野球を終えたあと、プロではなく社会人野球に進む。当時、プロ野球の地位がまだまだ低かったというのも大きな理由だが、今となってはなんとももったいない話だ。

21世紀最強軍団大阪桐蔭を率いる西谷浩一の野望

2008年〜2018年

「西の横綱」「21世紀最強チーム」と称され、現代の高校野球をリードする大阪桐蔭（大阪）。1991年夏、第73回選手権で初出場初優勝を達成して話題を集めたが、その後は低迷。10年以上の雌伏の時を経て、再び甲子園にやってきたのは2002年夏。さらに本格的に「王国」を築くのは、西谷浩一監督が初めて甲子園で采配をふるった2005年夏以降のことだ。

フルスイングでつかみとった栄光

大阪桐蔭といえば、中村剛也、西岡剛、中田翔、浅村栄斗ら、プロの世界で打撃タイトルを獲得する猛者たちを多数輩出し続けていることでも有名。彼らは高校時代から「フルスイング」の重要性を叩き込まれ、1球目から積極的に振っていくことを西谷監督から指導された選手たち。2008年、第90回選手権では、浅村栄斗が中心だった強力打線が躍動し、決勝史上最多の21安打、決勝史上最多タイの17得点を挙げ、17対0の圧勝で2度目の全国制覇を達成。まさに、大阪桐蔭時代の幕開けとなった。

2012年には、藤浪晋太郎と森友哉のバッテリーで史上7校目の春夏連覇を達成(P52)。2014年夏、第96回選手権でも優勝と、着実に優勝回数を重ねていった。

優勝回数歴代1位の名将へ歩む

大阪桐蔭のメンバーは、西谷監督が自らスカウト活動して近畿圏中心に集める少数精鋭の選手たち。中でも、「100回記念大会に出場して史上初の2度目の春夏連覇を!」を目標に集結したのが2000生まれのミレニアム世代。彼らが2年となり、主力選手に交ざり始めた2017年春、第89回センバツ大会で2度目の春制覇を果たすと、1年後の2018年春、第90回センバツ大会で史上3校目となる春連覇の偉業を達成。エースの根尾昂は史上初めて、2年連続での優勝投手になった。

この第90回センバツ大会での優勝も含めて、大阪桐蔭の甲子園優勝回数は計7回(夏4回、春3回)を誇り、西谷体制以降でそのうち6回も。この数字は、PL学園(大阪)の中村順司元監督に並ぶ史上1位。西谷監督の甲子園通算成績は49勝9敗で勝率・845。通算20勝以上の監督では中村順司の・853に次ぐ2位だ。2018年夏、100回記念大会を5勝以上で優勝すれば、優勝回数だけでなく、勝率でも単独1位となる。果たして……。

080/100

最強・和歌山中 小川正太郎の栄光と〝真の日本一決定戦〟

1926年夏 1927年春

86年間破られなかった8者連続奪三振の大記録

大正・昭和を股にかけ甲子園で輝いた大投手がいる。華麗な投球フォームから「芸術品」とうたわれた和歌山中（現・桐蔭／和歌山）の豪腕サウスポー、小川正太郎だ。

当時「最強」の呼び声高かった和歌山中で、5年間（※旧制中学は5年制）で8度も甲子園に出場した小川。その5度目の大舞台、1926年夏、大正最後の開催となった第12回大会準決勝では、「まるで2階から落ちてくるような」と形容されたカーブと快速球を武器に8者連続奪三振をマーク。この記録は、2012年に桐光学園（神奈川）の松井裕樹が「10者連続」で更新する（P112）まで、86年間も破られない大記録となった。

そんな小川擁する和歌山中がついに頂点をつかんだのが1927年（昭和2年）春、昭和初の開催となった第4回センバツ大会。初戦から決勝まで全試合で2ケタ奪三振を記録した小川の力投で、和歌山中がはじめてセンバツ王者の座に輝いたのだ。

この大会では、和歌山中に特別な〝副賞〟が贈呈された。このセンバツから企画された、優勝校によるアメリカ遠征旅行だ。旅行期間が夏休み中のため、この遠征に出ると夏の大会に出られなくなってしまうのだが、当時は海外旅行など夢のまた夢、という時代。選手たちは何の迷いもなくアメリカ遠征を選び、海を渡ることとなった。

春の王者vs夏の王者　真の日本一決定戦

このアメリカ遠征には後日談がある。和歌山中の「一軍」はアメリカに旅立ったが、残された「補欠組」で1927年夏の地区大会に出場。主力を欠きながら、甲子園の切符をつかんでしまったのだ。それほど、当時の和歌山中の実力は抜きん出ていた。

この年、夏の甲子園を制したのは四国の雄・高松商（香川）だったが、一部の野球ファンから「和歌山中の主力組、特に小川が投げていれば、夏も優勝は和歌山中だったのでは？」という声が上がってしまう。そこで、同年11月6日、大阪の寝屋川球場を舞台に、春の王者・和歌山中vs夏の王者・高松商という、真の日本一決定戦が行われることになった。

注目度は高く、超満員の観衆のもと行われたこの世紀の一戦。結果は、アメリカ遠征で練習不足だった小川が初回から攻略され、3回までに6失点。夏の王者・高松商が粘る和歌山中を振り切り、7対4で〝真の日本一〟となった。

081/100

1969年夏

甲子園史上初 決勝引き分け再試合 松山商vs三沢

伝説の決勝戦。高校野球の歴史で長くそう語り継がれるのが、1969年夏、第51回選手権の決勝だ。かたや18回の出場で4度目の栄冠を目指す愛媛の名門・松山商。かたや2年連続2度目の出場で初の決勝進出を果たした青森の新鋭・三沢。東北勢の決勝進出は、第1回大会の旧制秋田中（秋田）以来54年ぶり2度目のこと。8月18日午後1時、観衆5万5千人と超満員の甲子園球場で、プレイボールを告げるサイレンが鳴る。

攻める三沢、守る松山商

試合は、三沢の鉄腕エース・太田幸司と、松山商の技巧派エース・井上明の投手戦となり、0対0のまま延長戦に突入。決勝戦の延長は史上6度目、10年ぶりだった。

延長15回裏。三沢は1死満塁の大チャンス。守る松山商の井上はスクイズを警戒して3球連続でボールとなって押し出し寸前。だが、ここからフルカウントまで踏ん張り、迎えた6球目。強い打球が井上の横へ。打球は井上のグラブを弾き、サヨナラヒットかと思われたが、三塁走者がライナー捕球かと見誤りスタートが遅れた。この間にショートが見事なカバーで本塁フォースアウト。三沢は千載一遇のチャンスを逃してしまう。

続く延長16回裏、三沢はまたしても1死満塁のチャンスを作るが、今度はスクイズ失敗でダブルプレー。結局、両チーム無得点のまま延長18回で引き分け再試合となった。試合時間は4時間16分。投球数は井上が232球、太田は262球に達していた。

「半分に　ちぎれぬものか　優勝旗」

翌日の再試合。前日、ビッグチャンスのなかった松山商が1回表、疲れの色が明らかな三沢・太田から2ランホームランを放ち、いきなり2点を先制。その裏、三沢打線も球威のない井上を攻め立て1点を返すと、ここで松山商は投手交代。その後は、両投手踏ん張っての投手戦となったが、6回表、太田幸司の暴投と三沢守備陣のエラーもあって松山商はさらに2点を追加。最後は4対2で松山商が通算4度目となる全国制覇を達成した。

敗れた三沢と太田幸司だったが、準々決勝からの4日間、45イニングを連投。大会6試合で64イニングを1人で投げきった気力は大きく讃えられた。特に太田人気は凄まじく（P84）、ふだんは野球を見ない層にも広がり、「日本中　昼寝もさせぬ　十八回」「半分にちぎれぬものか　優勝旗」といった時事川柳が新聞の投書欄を賑わせたのだった。

場内一周拒否！優勝旗ポキリ！大会終了後事件簿

082／100

1919年夏 1934年夏

決勝戦直後、深紅の優勝旗とともに優勝校が場内を一周するのは、甲子園大会の恒例行事。この姿を見ると夏の終わりを感じる人も多いはず。だが、ドラマはそこで終わらない……かも!? 過去、決勝戦の後日に起きてしまった二大ハプニングを紹介する。

「我々は見世物ではない」

前代未聞の事件が起きたのは1919年夏、第5回大会。この時快進撃を見せたのが、初出場の神戸一中（現・神戸／兵庫）。全国でも有数の進学校で、当時、高等学校入学率（今でいう大学進学率）は全国1位を誇り、文字どおり「文武両道」の模範校となった。

その神戸一中は1回戦で、第1回大会から連続出場の和歌山中（現・桐蔭／和歌山）と対戦し、なんと3対1で勝利。この大金星で勢いをつかむと、一気に決勝戦まで勝ち上がり、初出場初優勝を成し遂げたのだ。

そして迎えた閉会式。すべての行事が終わり、通例なら場内一周をすべきところで、神戸一中の主将・米田信明は、「我々は見世物ではない。母校の名誉のためにがんばっただけだ」と、これを拒否してしまった。今では考えられないような気概を持った神戸一中ナイン。眉をひそめた大人もいただろうが、文武両道の栄冠をつかんだ神戸一中には、むしろ各方面から賞賛が集まった。大人に向かって自分たちの意見を理路整然と主張する。こんなチームは二度と現れないかもしれない。

「甲子園の申し子」の優勝旗ポキリ事件

家へ帰るまでが遠足、というわけではないが、地元に凱旋後、すぐにハプニングを起こしたのが「甲子園の申し子」と呼ばれて人気者だった呉港中（広島）の藤村富美男だ。

1934年の第20回選手権で全国制覇を果たした呉港中。地元広島に凱旋してみると、駅前には呉港中ナインを一目見たいという人の山で大混乱。特に、エース藤村の周りの混乱ぶりはすさまじかった。そんな状況にもかかわらず、藤村はサービス精神から優勝旗をみんなに見せようとしたところ、周りに集まった人に旗の柄の部分がぶつかってポキリと折れてしまったのだ。これには一同、顔が青くなったのは言うまでもない。

あわてて、旗屋に折れた優勝旗を持ちこんだ藤村。翌年、呉港中による優勝旗返還の際には、伝統ある優勝旗の柄だけが新しくなっていたという。

083/100

1958年夏

「延長引き分け再試合」を生んだ板東英二の熱投録

延長戦のドラマは、甲子園大会の醍醐味の1つ。名勝負数え歌があれば、その中には延長戦の死闘や、どこまでも決着がつかずに引き分け再試合になったゲームがいくつもランクインするはずだ。そんな延長戦ゲーム、そして引き分け再試合と深い縁がある球児といえば、徳島商（徳島）の「スタミナモンスター」板東英二だ。

2日で41イニング完投から「健康管理」を

そもそも、高校野球で「引き分け再試合」という制度ができたのは、1958年の春季四国大会での板東の熱投がキッカケだった。準決勝、高知商（高知）との試合で延長16回完投勝利を収めると、その翌日、高松商（香川）との決勝戦も試合は延長へ。スコアボードには0が続き、25回をまたも完投。意地の勝利をつかんだのだ。

板東が2日間で40イニング以上を投げ抜いたことは、地方での試合にもかかわらず全国的なニュースとなった。その結果、「健康管理」の名のもとに、「延長戦は18回で打ち切り、勝負がつかない場合は引き分け再試合」とするルールが生まれたのだ。

自分からできたルールの適用第1号！

延長ルールを変えた男、として、一躍注目の球児となった板東。その期待に応えて、見事にこの年の第40回選手権への切符を獲得。甲子園では2回戦から登場し、まずは秋田商（秋田）相手に17奪三振の1安打完封。続く3回戦の八女（福岡）には15奪三振の4安打完投勝利。そして準々決勝、初出場の魚津（富山）との対戦を迎えた。

試合は、〝豪〟の板東に対して、魚津のエース〝柔〟の村椿輝雄は打たせてとるピッチング。0対0のまま延長戦に突入し、18回を終えても0対0。史上初の「引き分け再試合」となった。皮肉にも、板東で生まれた新規程適用第1号が板東だったのだ。

翌日の再試合、徳島商は板東が再びマウンドに上がったのに対して、魚津のマウンドは村椿ではなく1年生投手。結果、連投となった板東のほうがこの試合でも完投勝利。翌日の準決勝へと駒を進めた。そして、準決勝でも14奪三振の1安打完投勝利で決勝進出。だが、ついにここで板東もスタミナ切れ。決勝は0対7の完敗だった。

終わってみれば、板東は7試合を1人で投げ抜き、大会通算83奪三振。この三振数は、今も大会歴代最多記録として、歴史に刻まれている。

［P152〜155］甲子園と言えば必ず語られる偉大な存在、PL学園（大阪）の「KKコンビ」、桑田真澄と清原和博。最後の夏、3年時は、1985年の第67回大会。8月19日の準々決勝で高知商（高知）に勝ち、試合終了後に揃って笑顔。

PL

ガソリンに火 スキーに歌舞伎 甲子園の意外な顔

1928年 1938年 1939年

ガソリンまいてグラウンド整備!?

伝統と歴史を誇る大会と甲子園球場だけに、過去をさかのぼれば、信じられない事件や珍エピソードは数多い。試合中、試合以外も含め、さまざまな場面で起きた「甲子園トリビア」を拾い上げてみよう。

甲子園名物、といえば、球場整備担当の阪神園芸のみなさんが試合前と5回終了後に行う、見事なグラウンド整備も外せない。だが、戦前はグラウンド環境が悪く、整備の技術も機材もそろっていなかったため、雨が降るとすぐに水たまりができていた。

そこで試したのが、グラウンドにガソリンをまいて火をつけ、水分を蒸発させようというアイデア。初めて実行したのは1928年の夏、第14回大会の準決勝前。前日まで2日間雨が降り続いたためだったが、黒い煙が上がるばかりで効果はなく、むしろグラウンド表面の熱気が地下の水分を吸い上げ、かえって凸凹になることも。それでも、この方法は見た目のインパクトから観客ウケも良く、20年ほど断続的に実施されたのだった。

ラグビー、スキー、歌舞伎。何でもござれの甲子園

球児のために建設された甲子園球場だが、計画段階から「ラグビーなど他の競技でも使いたい」という構想があった。そのため、外野のスペースを広く使えるよう、完成当初は外野フェンスがほぼ一直線という変則的な形だった。

そしてその計画どおり、甲子園ではラグビーやサッカーの試合が行われ、今でもアメリカンフットボールの大学日本一決定戦、人気の「甲子園ボウル」の舞台となっている。

だが、過去には思わぬ大会が開催されたこともある。その1つが全日本スキージャンプ大会。1938年と39年、左中間スタンドに高さ40メートルのジャンプ台を設置し、信州や兵庫県城崎郡から列車で雪を運んで、どうにか開催にこぎつけたのだった。

1939年8月には、二塁ベース後方に大舞台を設置し、野外歌舞伎を開催。グラウンド芝生上に座布団を敷いた特別席も設けられ、5万人以上の観衆が詰めかけた。また同年11月には、東京六大学リーグ戦の創設以来初めて、神宮球場以外で早慶戦が行われたこともあった。このようにして、甲子園では毎年さまざまなイベントが開催され、賑わいが途切れることはなかったのだ。

甲子園史に残る3度のライバル対決 柴田勲と尾崎行雄

1960年-1961年

柴田vs尾崎 序章と再戦

発勝負のトーナメントで競う甲子園。「あのチームと戦いたい」と願っても、そもそも出場することが難しい上に、組み合わせには抽選という運も絡む。にもかかわらず、3季連続で名勝負を演じたライバル対決があった。60年代前半、法政二（神奈川）と浪商（現・大体大浪商／大阪）の対戦だ。特に、快速球と変化球が売りの法政二・柴田勲と、剛速球を武器に「怪童」と呼ばれた浪商・尾崎行雄の投げ合いは注目の的だった。

初対決は1960年夏、第42回選手権2回戦。法政二の2年生エース柴田と、浪商の1年生エース尾崎による投手戦となった。試合が動いたのは終盤8回、法政二が一挙4点取って4対0で勝利。法政二はその後も勝利を重ね、夏の甲子園初優勝を達成した。

2度目の対決は、翌61年春、第33回センバツ大会。「夏の王者」として甲子園に戻ってきた法政二と浪商との対戦は準々決勝で実現した。「事実上の決勝戦」とも評されたこの対決、先制したのは前回敗れた浪商。体調不良で調子が今ひとつの柴田を攻め立て、2回裏に1点を奪う。だが、法政二はやはり試合巧者。5回に逆転し3対1でまたも法政二に軍配。さらに続く準決勝、決勝も勝利し、夏春連覇という偉業を達成したのだった。

柴田vs尾崎　最後の決戦

戦後最強との呼び声が高かったこの当時の法政二。同年夏の甲子園は、史上初の春夏連覇、さらには夏春夏の3季連続優勝なるかに世間の注目は集まっていた。そんな王者・法政二に、尾崎と浪商が3度目の対決を挑んだのがこの大会の準決勝だった。

主導権を握ったのは法政二。1回と4回に1点ずつを挙げ、2対0とリードで最終回の守りに。だが、「今度こそ」という並々ならぬ決意で試合に挑んでいた浪商は粘りをみせ、二死ながら満塁のビッグチャンス。ここで打席に立ったのが怪童・尾崎。法政二のマウンドは、もちろん柴田。甲子園じゅうが息を飲んだこの直接対決、尾崎の打球は三遊間を破り、2対2の同点。試合は延長戦へと突入した。勢いにのった浪商は延長11回、集中打で2点を奪い勝ち越し。3度目の対決にして、ついに浪商が勝利をつかんだのだ。

浪商は翌日の決勝戦も勝利し、全国制覇達成。法政二の前に苦汁を舐め続け、ずっと届かなかった優勝旗を、遂にその手中に収めたのだった。

ハプニング続出
甲子園から始まった
日本のスポーツ実況

1927年夏

娯楽の王様、といっても過言ではない今日のスポーツビジネス。この地位に至った背景には、テレビやラジオによる実況中継の存在が大きかったのは間違いない。1927年夏の甲子園でJOBK（現・NHK大阪放送局）がラジオ実況を開始したのは画期的な出来事だった。これこそが、我が国初のスポーツ実況放送だったからだ。

「アッ、センター捕りよった。エライやっちゃー」

「JOBK、こちらは甲子園臨時放送所であります」

甲子園中継の歴史的な第一声を発したのは、魚谷忠アナウンサー。昭和初開催（※昭和2年）となった1927年の第13回大会。8月13日午前9時5分のことだった。魚谷アナは、1916年の第2回大会で市岡中（大阪）の三塁手として準優勝に貢献した人物。その経歴から、「野球経験者は魚谷だけだから1人で全部やれ」と、世が世ならとてもブラックな指令が下り、8日間にわたる全試合を1人で実況することになった。

そもそも、それ以前は5分ほどのニュースしか読んだことがなかったという魚谷アナ。手探り状態での実況放送がスタート。炎天下の中、蝶ネクタイに背広姿でネット裏の放送席に座り、横には市岡中の後輩野球部員がスコア係として同席した。

もっとも最初は、「バッター打ちました！　大きい！　大きい！」だけで、どこに打球が飛んだのかサッパリわからないなど、放送はまさに試行錯誤の連続。うまく守備位置が言えたときも、「打ちました。大きなフライ！　アッ、センター捕りよった。エライやっちゃー」と思わず大阪弁が飛び出してしまったという伝説的な逸話もある。

役人監視のもと行われた初の野球実況

他にも、当時、郵便や通信を管轄した逓信省の役人が隣で監視し、「外野の塀に書かれた商品などの広告にボールが当たったときは、宣伝になるからその商品を言ってはならない」と細かい注文がつくなど、プレーを実況する以外でも苦労が多かったという。

当初、主催者である朝日新聞社内では、「ラジオで放送されたら球場へ来る人が減るのではないか？」と反対する声も多かったが、結果としてこの実況放送は大好評。魚谷アナにファンレターも届く人気ぶりだった。こうして、野球中継のアナウンスは少しずつ市民権を得て、やがてさまざまな名実況を生み出すことになるのだった。

あきらめの悪い男たち「逆転の報徳」と「逆転のPL」

1961年夏 1978年夏

逆転劇は、高校野球ファンの大好物だ。点差が大きければ大きいほど、甲子園は興奮のるつぼと化す。そんな逆転劇を代名詞とした学校が、長い歴史において2校存在する。「逆転の報徳」と呼ばれた報徳学園（兵庫）と、「逆転のPL」と呼ばれたPL学園（大阪）だ。彼らが演じた奇跡の戦いぶりは、甲子園ファンの語りぐさとなっている。

報徳は延長の6点差から大逆転

「逆転の報徳」が誕生したのは1961年夏、第43回選手権、倉敷工（岡山）との一戦。試合は両先発の投げ合いで0対0のまま延長戦へ。均衡を破ったのは11回表の倉敷工。エラーと四球で掴んだ満塁をきっかけに、一挙6点のビッグイニングとなった。

6点差はさすがに決まりか、と思ったのは観客だけでなく、報徳ナインも一緒。その裏、報徳は先頭打者に代打・平塚正を起用。明らかに〝思い出作り〟の采配だった。だが、平塚は気迫の内野安打。この1本でツキが変わったのか、ここから四死球と連打を絡めて1点差に。なおも2死一・二塁として、打者一巡でこの回先頭だった平塚へ。この場面で平塚はセンター前ヒットを放ち、外野からのバックホームが逸れる間に二塁ランナーがホームイン。ついに6対6の同点に追いついたのだ。押せ押せの報徳は次の12回裏に勝ち越し点を挙げサヨナラと、奇跡の大逆転勝利。この日は報徳の試合も含め、1日3試合すべて「延長サヨナラ」という大会史上初の珍事があった日としても記録されている。

PLは準決&決勝の連続逆転劇

「逆転のPL」が誕生したのは1978年夏、第60回選手権でのこと。準決勝の中京（現・中京大中京／愛知）戦で、9回まで0対4とリードされながら9回裏に一挙4点を奪って追いつき、延長12回裏サヨナラ勝ちの大逆転劇で決勝に進出。迎えた決勝、高知商（高知）戦。この試合でも先制を許したPLは、0対2で最終回の攻防へ。9回表、追加点が欲しい高知商は1死二・三塁のチャンスを掴むも、無得点に終わってしまう。

一方、ピンチのあとにチャンスありの9回裏、PL最後の攻撃。1死二・三塁と9回表と同じ状況を作ると、ここから犠飛と2本のツーベースで、2日連続での劇的なサヨナラ勝利。悲願の初優勝を果たしたPLは、1981年春のセンバツ決勝戦で、またも9回裏に逆転サヨナラ優勝。この勝負強さこそが、80年代最強PLの強さの根幹だった。

088/100

中京商に栄光再び プロでも輝いた「鉄腕」野口二郎

1937年春夏
1938年春

史上初の「夏3連覇」を果たし、中京商（現・中京大中京／愛知）が一時代を築いたのは1931年から33年のこと（P118）。その後、再び栄光の時代が訪れたのはわずか4年後の1937年。日中戦争も開戦し、戦時色が色濃くなった時代。牽引したのは、のちに「鉄腕」と呼ばれた大投手、野口二郎だった。

4試合連続完封で掴んだ「夏春連覇」

中京商夏3連覇最後の年、エース吉田正男とバッテリーを組んで、のちにプロ入りもした野口明。その弟として期待されて入学した二郎は、1937年春、第14回センバツでエースとして甲子園のマウンドに上り、決勝に進出。惜しくも準優勝に終わったが、この悔しさがエースをさらにたくましくさせた。

同じ年の夏、第23回大会に出場した中京商と野口二郎は、準決勝で海草中（現・向陽／和歌山）の剛球投手・嶋清一との投手戦を制し決勝に進出。決勝戦では、のちにプロ野球・巨人軍に入団する川上哲治と吉原正喜の黄金バッテリーで勝ち上がってきた熊本工（熊本）を3対1で下し、中京商に4年ぶりの全国制覇をもたらしたのだ。

翌1938年春のセンバツでは、準々決勝で再び、嶋清一擁する海草中と対戦。野口はこの試合で、史上4人目となるノーヒットノーランを達成。その勢いのまま、準決勝、決勝でも完封勝利を収め、4試合連続完封という完璧な内容で「夏春連覇」を達成。甲子園通算12勝1敗、7完封という成績を引っ下げ、大学野球、さらにはプロの道へと進んだ。

甲子園優勝投手からプロの200勝投手へ

野口の鉄腕ぶりを知るには、プロでの活躍についても触れておく必要がある。1939年に東京セネタースに入団後、戦前のわずか5年で291試合に登板し156勝。戦後1946年からは阪急でプレーし、7年間で226試合に登板して81勝。通算237勝を挙げている。全盛期を戦争でフイにしているにもかかわらず、だ。

100年の歴史で、「夏の甲子園優勝投手」からプロで200勝を挙げたのは、史上唯一、野口二郎だけ。センバツ優勝投手を含めても、1965年春に優勝した岡山東商（岡山）の平松政次の2人だけ。それが「甲子園優勝投手は大成しない」といった戯れ言が生まれる要因でもあるのだが、だからこそ、野口二郎の偉業は語り継がねばならないはずだ。

2006年 春 夏

089/100

早実91年越しの夢 夏の王者になった ハンカチ王子の武器

夏ともに第1回大会から出場。1957年に春を制した王貞治（P122）、1980年から5季連続の甲子園出場で「大ちゃんフィーバー」を巻き起こした荒木大輔（P38）と、時代時代でスターを輩出してきた早稲田実。それでも手が届かなかった夏の深紅の優勝旗についに手をかけることが許された男。それが、2006年の斎藤佑樹だ。トレードマークは汗を拭う青いハンカチ。「ハンカチ王子」が甲子園を席巻した。

大敗の悔しさからハンカチを導入

斎藤佑樹の甲子園初登場は、2006年春、第78回センバツ大会。初戦を完封で飾り、迎えた2回戦、関西（岡山）戦はまさに死闘。7対7で延長15回まで決着がつかず、引き分け再試合に。斎藤はこの1試合だけで231球を投げたが、翌日の再試合でも3回から登板して7イニング103球の熱投。2日間で334球を要し、勝つには勝ったが、続く準々決勝で、この大会で優勝する横浜（神奈川）と対戦。疲れが抜けきらなかったのか3対13と大敗を喫してしまう。だが、この悔しさが、夏への起爆剤となった。

過酷な夏の戦いを乗り切るため、斉藤は春から夏の短期間で2つの武器を手に入れた。それが、疲れにくい投球フォームと青いハンカチ。ハンカチはただ汗を拭うだけでなく、ピンチになると頭に血が上り、投球がワンパターンになってしまう自分に冷静さを取り戻すための、一種のスイッチだった。

史上初〝春夏〟延長引き分け再試合

迎えた夏、第88回選手権。2回戦では、センバツ王者・横浜を倒して勢いに乗る大阪桐蔭（大阪）と対戦。2年生ながら4番を打つ中田翔から三振3つなど、毎回の12奪三振。以降も毎試合完投を続け、夏3連覇に挑む北の王者、駒大苫小牧（南北海道）との決勝に進出。相手エース・田中将大との投げ合いは延長でも決着がつかず、15回引き分け再試合に。同年の春と夏、両方で延長引き分け再試合を演じたのは史上初。翌日、史上最多7試合目の先発で4連投となった斎藤だが、またも完投。最後は田中から三振を奪い、夏の選手権初優勝（P28）。1915年の第1回大会から数え、91年越しの悲願達成だった。

この死闘をスタンドで目撃したのが当時小学1年生の清宮幸太郎。早実に憧れた少年は、9年後、同じWASEDAのユニフォームを着て、甲子園に戻ってくる（P176）。

「高校野球の父」佐伯達夫は鬼コーチの先駆け

1916年夏

高校野球の隆盛を築いた佐伯達夫

かつて、野球と猛特訓はワンセット。まして戦前であれば、鬼のようなシゴキは当たり前だった。大会黎明期において、選手たちにそんな〝しごき〟を課したのは監督ではない。当時はまだ、監督という存在がなかった時代。中学野球の指導をするのは、もっぱら「鬼コーチ」の役目であり、その任につくのは、中学卒業後に大学野球で薫陶を受けたかつてのOBたち、というのが相場だった。「野球（のぼーる）」の俳号を持ち、「打者」「走者」「四球」「直球」など、数々の野球用語の日本訳に尽力した俳人・正岡子規も、帰省した際には母校の松山中（現・松山東／愛媛）で後輩たちに野球を教えていたという。

そんな鬼コーチの1人に、高校野球史を語る上でなくてはならない人物がいる。のちに高野連会長として高校野球の隆盛を築いた佐伯達夫だ。

1916年の第2回大会で、大阪代表として出場した市岡中のコーチを務めたのが、当時、早稲田大学の選手だった佐伯。母校の後輩たちに「お前らはそう人に優れたものがあるわけではない。それで勝ち抜くには人の2倍も3倍も努力しなくてはならない。それが唯一の道だ」と説き、猛ノックの日々。ある選手は「こんな苦しい野球など、(将来生まれてくる)自分の子どもにはやらせられない」と考えたほどの〝シゴキ〟で実力を伸ばし、晴れて大阪代表の座をつかんだ。この時の市岡中メンバーはたった9人。その人数しか、佐伯先輩の猛練習についてこれなかったのだ。

母校を準優勝に導いた「高校野球の父」

迎えた全国の晴れ舞台。市岡中のエース、松本終吉は2回戦で大会史上初となるノーヒットノーランを達成。しかし、延長戦までもつれた準決勝で大事な右肩を痛めてしまい、決勝戦ではマウンドに上れず、慶応普通部(東京)に敗れ準優勝。佐伯コーチは試合後、「松本が故障しなければ負けなかったんだがなぁ」と悔しがったという。

その後、佐伯は、母校のみならず学生野球全体の鬼コーチ的な存在になっていく。1946年に全国中等学校野球連盟(のちの高野連)の設立に尽力し、自身も3代目の会長に就任。そのあまりに強烈なリーダーシップから「佐伯天皇」と揶揄されたこともあったが、彼のもとで高校野球は大いに発展。それゆえ、「高校野球の父」と呼ばれている。

2001年春

091/100

21世紀枠はセンバツに個性と多様性をもたらした

震災復興、部員10人、ボランティア活動……

21世紀になって初めてのセンバツ大会が開催された2001年春。この年からスタートし、夏の選手権にはない独自の制度として定着したのが「21世紀枠」だ。夏の選手権に対抗しようと、常に新機軸に挑戦してきたセンバツらしい制度といえる。

主催者である毎日新聞社によると、《勝敗にこだわらず多角的に出場校を選ぶセンバツ大会の特性を生かし、技能だけではなく高校野球の模範的な姿を実践している学校を以下の基準に沿って選ぶ》としている。その基準とは、(1)秋季都道府県大会のベスト16以上が対象。(2)「少数部員、施設面のハンディ、自然災害など困難な環境の克服」「学業と部活動の両立」「試合成績が良好ながら、強豪校に惜敗するなどして甲子園出場機会に恵まれていない」「創意工夫した練習で成果を上げている」「校内、地域での活動が他の生徒や他校、地域に好影響を与えている」などだ。実際、これまでに、部員が10人、ボランティア活動に積極的、データ野球を駆使した進学校、東日本大震災からの復興を目指す学校など、毎回特色豊かな学校が選ばれ、センバツの注目点の1つになっている。

21世紀枠出身のプロ野球最多勝投手！

ただ、問題点もある。21世紀枠で選ばれるには「都道府県ベスト16以上」（当初はベスト8以上）という条件はあるが、それだけでは強豪校との実力差が大きく、過去に出場した21世紀枠のほとんどが初戦敗退。しかも、一方的な試合になることが多い、ということだ。

そんな中、21世紀枠でもやれる！　と旋風を起こしたのが、初年度の2001年、第73回センバツ大会に出場した宜野座（沖縄）だ。独特の変化球「宜野座カーブ」を操るエース比嘉裕を中心とした堅い守りと、長打はなくてもコツコツと犠打を重ねる堅実な攻撃でベスト4に進出。準決勝で仙台育英（宮城）に1対7で完敗はしたが、見事な大健闘だった。宜野座はこのセンバツでの経験を活かし、同年夏の選手権にも初出場。1回戦で仙台育英と再戦し、今度は逆に7対1で勝利。見事なリベンジを果たしている。

他にも、2009年の利府（宮城）がベスト4に進出。また、2008年の21世紀枠、成章（愛知）のエースは、のちにプロ野球で最多勝投手になる小川泰弘。21世紀枠で甲子園の土を踏んだ経験が、その後の飛躍につながったのだ。

092/100

沖縄県民の夢 甲子園制覇をかなえた 比嘉公也と沖縄尚学

1999年春

「沖縄勢の甲子園優勝が先か、沖縄選出の総理大臣が先か」こんなフレーズができるほど、甲子園優勝は沖縄県民の悲願であり、長年の夢。戦前〜戦後は九州大会を勝ち上がることすらできず、米軍統治の時代には、甲子園出場がかなってもパスポートを持って海を渡らねばならず、検疫法の壁で甲子園の土を持ち帰ることもできなかった（P76）。

1972年の本土復帰後も、甲子園の舞台でなかなか勝てない沖縄県勢。平成になり、1990年と1991年には沖縄水産が夏の選手権で2年連続準優勝。ただ、優勝の二文字にはあと一歩どうしても届かなかった。

甲子園に歓喜の大ウェーブ

そんな「沖縄の悲願」をかなえたのが、1999年の沖縄尚学だった。第71回センバツ大会に出場した沖縄尚学は、エース比嘉公也の活躍で勝ち上がっていった。初戦は、スクイズでもぎ取った1点を死守し1対0で完封。続く2回戦、準々決勝も粘り勝ちを見せ準決勝へ。決勝進出をかけ、名門・PL学園（大阪）と対戦することになった。

PL有利、という大方の予想の中、2回戦で右足首を捻挫し、痛み止めの注射を打ってこの試合に臨んでいた比嘉は、ケガを感じさせない見事な力投。だが、5対2とリードしていた7回裏、エラーと四球からピンチを招くと、連打を浴びて同点。その後、6対6で迎えた延長12回表、比嘉が自らタイムリーヒットを放って勝ち越し。その裏を守り抜き、8対6で逃げきったのだ。

翌日の決勝戦。前日に212球を投げた比嘉は、足の痛みもあって登板できなかったが、チームは前日の勢いそのままに水戸商（茨城）を破り、沖縄県勢悲願のセンバツ初優勝。甲子園球場には歓喜の大ウェーブが何度も沸き起こり、紫紺の優勝旗は海を渡って初めて沖縄の地へ。こうして、沖縄県民の「甲子園の夢」がついに成就したのだった。

選手でも指導者でも頂点へ

比嘉はのちに指導者になり、2006年春、母校の沖縄尚学の監督に就任。この年に入学したエース東浜巨ら〝比嘉チルドレン〟を育て上げ、2008年春のセンバツで自身が優勝して以来9年ぶりとなるセンバツ優勝を達成。選手としてだけでなく指導者としても、県民に大きな喜びをもたらしたのだった。

1994年夏

093/100

史上初の決勝満塁弾 アツ過ぎた夏のミラクル佐賀商

前年の記録的冷夏から一転、酷暑となった1994年夏。甲子園決勝の舞台でも熱過ぎる展開が待っていた。優勝候補の樟南（鹿児島）と、まったくの無印ながら佐賀県勢初の決勝進出を果たした佐賀商との、史上初の九州勢同士の優勝決定戦だ。

ノーマークから粘り勝ちで決勝に

甲子園球場誕生より古い1921年創部の佐賀商は、県勢最多の、夏出場11回目の名門。ただ、全国の舞台では力を出し切れず、この大会以前に甲子園を沸かせたのは1982年夏、エース新谷博が9回2死、夏の選手権史上初の完全試合に「あと1人」まで迫った時。ただ、この絶対エースを擁した年でも3回戦止まり。1994年夏、第76回選手権でも大会前はノーマーク。2年生エース峯謙介を中心に粘り勝っての決勝進出だった。

迎えた決勝戦。先制したのは樟南。2回に3点のリードを奪うが、佐賀商はこの試合でも得意の粘りを発揮し、6回に3点を返して同点に。その直後にまた1点のリードを許したが、8回に再び追いつき、4対4で最終回の攻防へと突入した。

決勝戦満塁弾と佐賀の奇縁

9回表、佐賀商は2本のヒットで1死一・三塁とチャンスを迎えるもスクイズを失敗。ところが、捕手の送球が三塁走者の峯に当たって難を逃れた……と言っても、峯にしてみれば、臨時コーチの香田誉士史に教わった、想定していた走塁術でもあった。

これでスクイズを捨てた佐賀商は、2死満塁として打席には2番キャプテンの西原正勝。「スローモーションに見えた」とゾーンに入っていた西原が初球を振り抜くと、打球はレフトスタンドへ。劇的満塁弾で8対4と勝ち越して樟南を破り、佐賀県へ初めて深紅の優勝旗をもたらしたのだ。「奇跡のホームラン」と呼ばれたこの一発は、甲子園決勝の大舞台で生まれた史上初の満塁ホームラン。この後、決勝戦で満塁アーチが生まれるのは、同じ佐賀県勢の佐賀北が「がばい旋風」を起こす13年後、2007年の夏まで待たなければならなかった（P64）。なお、佐賀県勢が甲子園を制したのは1994年と2007年の2回だけ。そのいずれも、劇的満塁弾が決勝点となっている。

また、エース峯は、この酷暑の大会6試合をすべて完投で計708球。峯以降、たった1人で夏の選手権の頂点に立った投手は出ていない。

094／100

高校野球の名ヒール 明徳義塾・馬淵史郎「負けない野球」

2002年夏 2005年夏

かつて、四国四商（香川：高松商、愛媛：松山商、徳島：徳島商、高知：高知商）がそれぞれ甲子園で優勝を果たし、しのぎを削ってレベルを高めてきた四国の高校野球。その後、80年代には池田（徳島）時代が到来。その池田に代わって90年代以降、安定して好成績を残しているのが明徳義塾（高知）だ。この明徳義塾を全国屈指の強豪校に育て上げたのが馬淵史郎監督。高校球界随一の〝ヒール〟役が似合う指導者だ。

「5打席連続敬遠」と「出場辞退」

監督就任は1990年。その2年後、92年夏の選手権で世間を騒がせたのが星稜（石川）、松井秀喜への「5打席連続敬遠」だ（P56）。相手4番打者と勝負をせずに試合に勝った馬淵采配に対しては、勝負師として認める声がありつつも、大方の声は批判と非難。これが影響したのか、松井騒動以降、明徳義塾は丸3年も甲子園から遠ざかることになった。

そしてこの松井騒動と同等かそれ以上に針のむしろとなったのが2005年夏、第87回選手権大会の開幕2日前に起きた電撃出場辞退だ。戦後最多（当時）の8年連続出場という金字塔を打ち立てたはずが、対戦相手が決まった後に野球部員の不祥事が発覚。夏の大会では史上4度目、戦後では初の「出場決定後の出場辞退」は大きく騒がれ、馬淵は責任をとって監督を一度辞任。高野連から1年間の謹慎処分を受けた。

初戦負けナシを20大会続ける

こうした〝騒動〟で語られることの多い馬淵監督ではあるが、一方で、高校球界きっての名将であることも疑いようのない事実だ。監督就任以来、28年間で甲子園出場回数は春夏あわせて32回。しかも、ただ出るだけでなく、毎年のようにしっかり勝利を重ねているのが肝。春はベスト8以上が6回、夏はベスト8以上が5回という安定感を誇る。

さらに特筆すべきなのが、甲子園初戦での圧倒的な勝率で、20大会連続初戦勝利という驚異的な記録を保持。「松井5打席連続敬遠」の星稜戦に限らず、接戦になればなるほど勝負強さを発揮する「負けない野球」が代名詞だ。2002年夏、第84回選手権では、決勝で智弁和歌山（和歌山）・高嶋仁監督との名将対決を制し、悲願の全国制覇も果たしている。

2018年春のセンバツでの勝利で、甲子園通算成績は50勝に到達。歴代で5位、現役監督では3位にランクイン。稀代の勝負師の向上心はまだ留まることを知らない。

095／100

1963年春夏

球界を追われた男 池永正明の栄光の時 「男気のマウンド」

黒い霧事件……それは、日本プロ野球史に汚点として残る八百長事件。この騒動によって、冤罪だったのに野球生命を絶たれた人物がいる。西鉄のエースだった池永正明だ。1970年の永久追放処分からようやく復権を果たしたのは2005年のこと。以降あらためて、プロ生活わずか6年で103勝を挙げた功績が見直されている。ただ、下関商（山口）のエースとして活躍した高校時代については語られる場面が少ない。大会史に残る名投手、と言われた甲子園での戦いぶりにも光を当てよう。

「父ちゃん、泣かんでもいいやないね」

中学時代には、山口県の陸上三種競技（走り高跳び、砲丸投げ、80mハードル）で県記録をつくった足腰のバネが池永の魅力。この強靭な足腰が生み出す速球とカーブで相手打線を翻弄し、1963年春、第35回センバツ大会に2年生エースとして出場した。

初戦でまず、優勝候補の明星（大阪）を3安打完封。続く2回戦の海南（和歌山）戦では延長16回を投げ抜き、最後は池永自らサヨナラ二塁打を放っての劇的勝利。その後も勝ち進み、決勝では猛打を爆発させて勝ち上がってきた北海と対戦。北海道勢初の決勝進出とあって注目を集めていたこの試合で、池永は完封勝利を収め、10対0で下関商に初優勝をもたらしたのだった。優勝後のヒーローインタビューでは応援席で涙ぐむ父を見て、「父ちゃん、泣かんでもいいやないね。やったばい！」と語った姿もまた話題を呼んだ。

痛みをこらえ続けた「男気のマウンド」

春夏連覇を目指した同年夏、第45回選手権。初戦で4安打完封勝利を収めて順調なスタートを切ったが、続く2回戦でアクシデントに見舞われる。5回の走塁中にクロスプレーで左肩を亜脱臼。この試合は右腕のみの投球動作で完封勝ちを収めた池永だったが、次の試合には出られなかった。チームメイトの踏ん張りで1つ勝ち上がれた準々決勝。中3日の池永が左腕を固定して完投したが、7回に1失点し、県大会からの連続無失点は67イニングでストップ。それでも続く準決勝をサヨナラ勝ちし、春夏連覇を懸けた決勝へ進んだ。決勝は、春に完封した明星との再戦。左腕が動かせない弱点を突かれ、バント攻撃から1回表に2失点。その後はゼロに抑えたが、反撃実らず、春夏連覇は幻に。だが、痛みをこらえて剛速球を投げ込む姿は、「男気のマウンド」として賞賛を集めたのだった。

決勝戦は11戦全敗 東北勢の悲願「白河の関越え」

1915年～2015年

東北の玄関口として知られる古跡「白河の関」。それゆえ、東北勢が頂点に立つことを「優勝旗は白河の関を越えるのか」とたとえられてきた。第1回大会決勝で秋田中が1点差で惜敗（P86）してから、「高校野球100年」として注目された2015年決勝、仙台育成3度目の準優勝まで、東北勢の決勝戦戦績は実に11戦全敗。大旗を故郷に持ち帰ること。それはまさに東北勢100年の悲願だ。

1点差4試合、2点差3試合の全敗史

あらためて「11戦全敗」の歴史を振り返ると、惜敗が多いことに気づく。

・1915年夏　京都二中（京都）2対1　秋田中（秋田）　※延長13回
・1969年夏　松山商（愛媛）0対0、4対2　三沢（青森）　※延長15回引き分け再試合
・1971年夏　桐蔭学園（神奈川）1対0　磐城（福島）

・1989年夏　帝京（東東京）2対0　仙台育英（宮城）※延長10回
・2001年春　常総学院（茨城）7対6　仙台育英（宮城）
・2003年夏　常総学院（茨城）4対2　東北（宮城）
・2009年春　清峰（長崎）1対0　花巻東（岩手）
・2011年夏　日大三（西東京）11対0　光星学院（青森）
・2012年春　大阪桐蔭（大阪）7対3　光星学院（青森）
・2012年夏　大阪桐蔭（大阪）3対0　光星学院（青森）
・2015年夏　東海大相模（神奈川）10対6　仙台育英（宮城）

〝奇跡の惜敗力〟3季連続の光星学院

もっとも優勝旗に近づいたのが1969年、太田幸司を擁し、延長18回の死闘の末に引き分け再試合で敗れた三沢（P184）。その2年後には身長165センチながら準決勝まですべて完封勝利と躍動した「小さな大投手」田村隆寿のいた磐城が1点差負け。2009年センバツでも、菊池雄星を擁した花巻東が惜敗。清峰・今村猛との投手戦は紙一重の結果だった。やはり、大エースがいた年は惜しかったことがわかる。また、2012年からは光星学院（現・八戸学院光星）が3季連続準優勝という〝奇跡の惜敗力〟を発揮している。12戦目はいつ？　そして、白河の関を越える日は来るのか？　東北勢の戦いは続く。

連覇&5連続完封 戦後最初の大スター 小倉中&高・福嶋一雄

1947年 1948年 1949年

深紅の優勝旗、関門海峡を越える

戦後最初の大スターといえば、1947年夏、翌48年夏の大会で連覇を果たした、小倉中・小倉高（福岡）の福嶋一雄だ。柳のような身体をくねらせて投げる独特の下手投げは相手打線を翻弄し、甲子園でさまざまな伝説を生んだ。

1946年夏、西宮球場で行われた戦後最初の大会ではベンチ入りはしたものの、登板機会のなかった福嶋。全国の舞台での初登板は、翌47年春、6年ぶりに甲子園で復活したセンバツのマウンドだった。この大会で、初戦から準決勝まですべて1点差で勝利を収めると、決勝では徳島商（徳島）相手に9回までヒット1本しか許さない好投。1対1で延長戦へと突入すると、小倉中は10回に無死満塁、11回に無死二塁というチャンスを生かせず、無得点。一方、マウンドを守り続けた福嶋は延長13回表、ついに力尽き、1対3で敗退。準優勝に終わった。

だが、この敗退を糧にさらに制球力を磨いて臨んだ同年夏、第29回大会では見事に優勝。深紅の優勝旗は、初めて関門海峡を越えて九州・小倉に渡った。

史上2人目の5試合連続完封

6・3・3制の学制改革によって、中等学校から新制高校で臨んだ48年春のセンバツ。小倉〝高校〟のエースとして甲子園に帰還した福嶋だったが、初戦でこの大会で優勝する京都一商（現・西京／京都）に延長13回2対3で惜敗。夏春連覇とはならなかった。

春はどうしても勝ちきれない福嶋だったが、夏は強かった。その集大成ともいえたのが同年夏、第30回選手権での快投だ。初戦と2回戦がともに2安打完封。準々決勝と準決勝がともに4安打完封。そして決勝戦、和歌山中から校名が変わった古豪・桐蔭（和歌山）相手に、またも4安打完封勝利。嶋清一（海草中／和歌山）以来となる、史上2人目の5試合連続完封という偉業（P174）とともに、戦後初となる夏連覇を果たしたのだ。この年の福嶋の快投ぶりは凄まじく、センバツ大会以降、地方大会や国体も含めると、公式戦12試合連続完封、111イニング連続無失点というとんでもない数字をマークした。

だが、その後の福嶋は右ヒジ痛の影響もあって、翌49年春がベスト4。同年夏の選手権はベスト8で敗退。中京商（現・中京大中京／愛知）以来となる夏3連覇には届かなかった。

098/100

東日本大震災直後センバツの選手宣誓が多くの感動を呼ぶ

2011年春

センバツを行うべきか否か……。阪神淡路大震災直後の1995年センバツ（P42）と同じ議論を呼んだのが、2011年3月、東日本大震災直後のセンバツだ。95年の大会は開催までに2ヶ月あったが、この時はわずか2週間。しかも、震災に伴う原発事故の混乱は進行中。さまざまな苦慮と葛藤の末、それでも予定どおり迎えた第83回センバツ大会開会式。「がんばろう！日本」の特別スローガン以上に社会に気づきを与え、空気を一変させたのが、創志学園（岡山）の野山慎介主将による選手宣誓だった。

創部1年目出場も商業校ゼロも史上初

「私たちは16年前、阪神淡路大震災の年に生まれました。今、東日本大震災で、多くの尊い命が奪われ、私たちの心は悲しみでいっぱいです」このフレーズから始まった選手宣誓は、「人は仲間に支えられることで、大きな困難を乗り越えることができる」というメッセージとともに大きな感動を呼び、センバツの意義や、野球という競技がもたらす影響力の大きさをあらためて示すキッカケとなった。創志学園は「史上初めて創部1年での甲子園出場」として大会前から話題を呼んでいたが、この別の形でも注目を集めた。

また、この大会ではもう1つの史上初があった。それは、春夏を通じ、初めて商業校の出場が途絶えたこと。さまざまな意味で、歴史的な大会となった。

被災地の高校に兵庫の野球部が友情応援を

実際に試合が始まっても、震災による影響は多方面に及んだ。計画停電が社会問題となっていた折、ナイター開催回避のため、試合開始時間の前倒しや試合間インターバルの短縮を採用。偶然にも26年ぶりに延長戦がなく、雨天順延も10年ぶりにゼロだった。

また、鳴り物入り応援が禁止となったのは95年の大会と同様だが、応援団を送ることが困難な被災地の出場校4校（青森・光星学院／宮城・東北／茨城・水城／秋田・大館鳳鳴）に、本選に出場できなかった兵庫県17校の野球部員が「友情応援」として参加した。

そんな〝震災センバツ〟を制したのは東海大相模（神奈川）。チームを率いた門馬敬治監督は大会前、選手たちに「関東大震災の翌年（※1924年）、センバツは復興の目的で開催されたそうだ」「何ができるのか、どんなメッセージが残せるのかわからない。でも、我々の使命は必死になってやることだ」と訴えてつかんだ、紫紺の優勝旗だった。

099／100

甲子園の土を最初に持ち帰った伝説の球児は誰？

1937年夏 1949年夏

誰？

第1号は巨人V9監督・川上哲治説

もが思い浮かべる甲子園の名シーンといえば、試合終了後、敗れた球児たちが「甲子園の土」を集め、持ち帰る光景ではないだろうか。様式美すら感じるこの行為を最初に行ったのは誰か？ 有力な説として2人の球児の名が語り継がれている。

まず1人が、のちにプロ野球の巨人で活躍し、V9時代の監督だった川上哲治だ、という説。熊本工（熊本）時代の1937年夏、第23回大会に出場。エース川上の活躍で決勝戦に進出するも、中京商（現・中京大中京／愛知）に1対3で敗れ、準優勝に終わってしまう。

この試合後の様子について、のちに川上自身が「私は記念に甲子園の土を袋に入れて持ち帰り、熊本工のマウンドにまいた」と振り返っている。この証言から「川上第1号」説が生まれたわけだが、明確に裏付ける物的証拠のようなものは残っていない。

ただ、甲子園の土をまいた、という熊本工のグラウンドからは、のちにプロ野球・西武で黄金時代を牽引した伊東勤、イチロー以上の天才打者といわれた前田智徳など、数多くのプロ野球選手を輩出したことは付記しておきたい。

大会本部の速達で知った福嶋一雄説

もう1つは、夏3連覇の偉業に挑んだ小倉北（旧・小倉／福岡）の福嶋一雄（P218）だという説。1948年夏の大会で連覇を達成した福嶋は、翌49年、第31回大会の準々決勝戦に登板。だが、連投の影響で「鉛筆も持てないくらい」痛めていた右ヒジは限界に達し、途中降板しサヨナラ負けに。試合後、ベンチへ引き揚げる仲間をよそに、福嶋だけは1人マウンドに歩み寄り、スコアボードを見つめたまま立ちすくんでいたという。

そんな福嶋のもとに、後日、大会副審判長から速達が届いた。その内容は、「君のポケットには大切なものが入っている」というもの。慌ててユニフォームを調べたところ、ポケットから出てきたのが甲子園の土。福嶋自身は覚えていなかったが、甲子園を去りがたい思いから、無意識のうちに足元の土を手にし、ポケットに忍ばせていたのだ。この速達をキッカケにして、福嶋が「甲子園の土を最初に持ち帰った」とする説が生まれた。

最初に土を持って帰ったのは川上か福嶋か。いずれにせよ、球児たちの悔しさから生まれた行動であることは間違いない。

100回記念大会は次の100年の課題に向かう起点だ

2017年春 2018年春夏

センバツが90回記念、選手権が100回記念という節目を迎える2018年。甲子園では2つの改革が実行される。「タイブレーク制導入」と「外野席有料化」だ。

「2試合連続引き分け再試合」でタイブレーク制へ

国際大会などでは浸透し始めていたタイブレーク制。決着がつきやすくなるように走者を置いて攻撃を始める制度で、高校野球では延長13回以降は無死一・二塁で攻撃が始まる。投手の負担減のために議論されてきたのだが、「試合日程の過密化や開催時期を見直すほうが先」「延長のドラマがなくなってしまう」など、賛否が分かれていた。

それが大きく舵を切ったのは2017年春、第89回センバツ大会7日目で起きた2つの試合の影響が大きい。第2試合の滋賀学園vs福岡大大濠。そして、第3試合の健大高崎vs福井工大福井がどちらも延長15回で決着がつかず、2試合連続で引き分け再試合となったのだ。2戦連続はもちろん、1大会で2度の引き分け再試合も史上初。この珍事によって、改めて選手の体調管理が組上に載り、結果として翌2018年の第90回センバツ大会から、決勝戦以外の「タイブレーク制」導入の断が下されたわけだ。

入場料値上げ分を「高校野球200年構想」の事業に

もう1つの変更点が、これまで無料開放されてきた外野席を、大人500円、子供100円と有料化すること。他の席も揃って値上がりとなり、収益増分は野球振興などを目的とする「高校野球200年構想」の事業費用に充てることが決まっている。

「高校野球200年構想」とは、高野連、朝日新聞社、毎日新聞社の3者が、高校野球〝次の100年〟に向けて議論を重ねてきた新たな指針。5大目標として「普及」「振興」「けが予防」「育成」「基盤作り」を掲げ、それらの目標達成のために、幼児向けの野球教室や、けが予防講習会など、24事業の立ち上げを発表している。甲子園は年々、チケット確保も困難になる人気イベントだが、一方では少子化と野球人気の低下による「競技人口減少」という大きな課題も。他にも、くり返される体罰など解決すべきテーマは多岐に及ぶ。

次の100年をどう歩むのか？　指導者、大会関係者、さらにはファン1人1人が問題意識を持ち、議論を重ねていく必要がある。未来の球児たちが活き活きとプレーできる環境は、今を生きる私たちが作り上げていくのだ。

大和
券の投資信託
ヒノマル
明治アイスクリー
HUR
HUR

［Ｐ76］甲子園の土は、那覇港に捨てられた……。
1958年の夏の第40回記念大会に、戦後初めて沖縄代表として出場した首里高校。
１回戦で敦賀（福井）に0-3で敗れて土を集める球児たち。8月9日。
■沖縄タイムス／共同通信イメージズ

甲子園［春・夏］歴代優勝校リスト
～104年100回の歩み～

	春回数	センバツ優勝校	都道府県	夏回数	選手権優勝校	都道府県
1915（大正4）				1	京都二中	京都
1916（大正5）				2	慶応普通部	東京
1917（大正6）				3	愛知一中	愛知
1918（大正7）				4	米騒動で中止	
1919（大正8）				5	神戸一中	兵庫
1920（大正9）				6	関西学院中	兵庫
1921（大正10）				7	和歌山中	和歌山
1922（大正11）				8	和歌山中	和歌山
1923（大正12）				9	甲陽中	兵庫
1924（大正13）	1	高松商	香川	10	広島商	広島
1925（大正14）	2	松山商	愛媛	11	高松商	香川
1926（大正15）	3	広陵中	広島	12	静岡中	静岡
1927（昭和2）	4	和歌山中	和歌山	13	高松商	香川
1928（昭和3）	5	関西学院中	兵庫	14	松本商	長野

	春 回数	センバツ 優勝校	都道府県	夏 回数	選手権 優勝校	都道府県
1929（昭和４）	6	第一神港商	兵庫	15	広島商	広島
1930（昭和５）	7	第一神港商	兵庫	16	広島商	広島
1931（昭和６）	8	広島商	広島	17	中京商	愛知
1932（昭和７）	9	松山商	愛媛	18	中京商	愛知
1933（昭和８）	10	岐阜商	岐阜	19	中京商	愛知
1934（昭和９）	11	東邦商	愛知	20	呉港中	広島
1935（昭和10）	12	岐阜商	岐阜	21	松山商	愛媛
1936（昭和11）	13	愛知商	愛知	22	岐阜商	岐阜
1937（昭和12）	14	浪華商	大阪	23	中京商	愛知
1938（昭和13）	15	中京商	愛知	24	平安中	京都
1939（昭和14）	16	東邦商	愛知	25	海草中	和歌山
1940（昭和15）	17	岐阜商	岐阜	26	海草中	和歌山
1941（昭和16）	18	東邦商	愛知	27	本大会は中止	
1942（昭和17）		第２次大戦のため中止			第２次大戦のため中止	
1943（昭和18）		第２次大戦のため中止			第２次大戦のため中止	
1944（昭和19）		第２次大戦のため中止			第２次大戦のため中止	
1945（昭和20）		第２次大戦のため中止			第２次大戦のため中止	
1946（昭和21）		第２次大戦のため中止		28	浪華商	大阪

	春回数	センバツ優勝校	都道府県	夏回数	選手権優勝校	都道府県
1947（昭和22）	19	徳島商	徳島	29	小倉中	福岡
1948（昭和23）	20	京都一商	京都	30	小倉	福岡
1949（昭和24）	21	北野	大阪	31	湘南	神奈川
1950（昭和25）	22	韮山	静岡	32	松山東	愛媛
1951（昭和26）	23	鳴門	徳島	33	平安	京都
1952（昭和27）	24	静岡商	静岡	34	芦屋	兵庫
1953（昭和28）	25	洲本	兵庫	35	松山商	愛媛
1954（昭和29）	26	飯田長姫	長野	36	中京商	愛知
1955（昭和30）	27	浪華商	大阪	37	四日市	三重
1956（昭和31）	28	中京商	愛知	38	平安	京都
1957（昭和32）	29	早稲田実	東京	39	広島商	広島
1958（昭和33）	30	済々黌	熊本	40	柳井	山口
1959（昭和34）	31	中京商	愛知	41	西条	愛媛
1960（昭和35）	32	高松商	香川	42	法政二	神奈川
1961（昭和36）	33	法政二	神奈川	43	浪商	大阪
1962（昭和37）	34	作新学院	栃木	44	作新学院	栃木
1963（昭和38）	35	下関商	山口	45	明星	大阪
1964（昭和39）	36	徳島海南	徳島	46	高知	高知

	春回数	センバツ優勝校	都道府県	夏回数	選手権優勝校	都道府県
1965（昭和 40）	37	岡山東商	岡山	47	三池工	福岡
1966（昭和 41）	38	中京商	愛知	48	中京商	愛知
1967（昭和 42）	39	津久見	大分	49	習志野	千葉
1968（昭和 43）	40	大宮工	埼玉	50	興国	大阪
1969（昭和 44）	41	三重	三重	51	松山商	愛媛
1970（昭和 45）	42	箕島	和歌山	52	東海大相模	神奈川
1971（昭和 46）	43	日大三	東京	53	桐蔭学園	神奈川
1972（昭和 47）	44	日大桜丘	東京	54	津久見	大分
1973（昭和 48）	45	横浜	神奈川	55	広島商	広島
1974（昭和 49）	46	報徳学園	兵庫	56	銚子商	千葉
1975（昭和 50）	47	高知	高知	57	習志野	千葉
1976（昭和 51）	48	崇徳	広島	58	桜美林	西東京
1977（昭和 52）	49	箕島	和歌山	59	東洋大姫路	兵庫
1978（昭和 53）	50	浜松商	静岡	60	ＰＬ学園	大阪
1979（昭和 54）	51	箕島	和歌山	61	箕島	和歌山
1980（昭和 55）	52	高知商	高知	62	横浜	神奈川
1981（昭和 56）	53	PL 学園	大阪	63	報徳学園	兵庫
1982（昭和 57）	54	PL 学園	大阪	64	池田	徳島

	春 回数	センバツ 優勝校	都道府県	夏 回数	選手権 優勝校	都道府県
1983（昭和58）	55	池田	徳島	65	ＰＬ学園	大阪
1984（昭和59）	56	岩倉	東京	66	取手二	茨城
1985（昭和60）	57	伊野商	高知	67	ＰＬ学園	大阪
1986（昭和61）	58	池田	徳島	68	天理	奈良
1987（昭和62）	59	ＰＬ学園	大阪	69	ＰＬ学園	大阪
1988（昭和63）	60	宇和島東	愛媛	70	広島商	広島
1989（平成元）	61	東邦	愛知	71	帝京	東東京
1990（平成2）	62	近大付	大阪	72	天理	奈良
1991（平成3）	63	広陵	広島	73	大阪桐蔭	大阪
1992（平成4）	64	帝京	東京	74	西日本短大付	福岡
1993（平成5）	65	上宮	大阪	75	育英	兵庫
1994（平成6）	66	智弁和歌山	和歌山	76	佐賀商	佐賀
1995（平成7）	67	観音寺中央	香川	77	帝京	東東京
1996（平成8）	68	鹿児島実	鹿児島	78	松山商	愛媛
1997（平成9）	69	天理	奈良	79	智弁和歌山	和歌山
1998（平成10）	70	横浜	神奈川	80	横浜	東神奈川
1999（平成11）	71	沖縄尚学	沖縄	81	桐生第一	群馬
2000（平成12）	72	東海大相模	神奈川	82	智弁和歌山	和歌山

	春回数	センバツ優勝校	都道府県	夏回数	選手権優勝校	都道府県
2001（平成13）	73	常総学院	茨城	83	日大三	西東京
2002（平成14）	74	報徳学園	兵庫	84	明徳義塾	高知
2003（平成15）	75	広陵	広島	85	常総学院	茨城
2004（平成16）	76	済美	愛媛	86	駒大苫小牧	南北海道
2005（平成17）	77	愛工大名電	愛知	87	駒大苫小牧	南北海道
2006（平成18）	78	横浜	神奈川	88	早稲田実	西東京
2007（平成19）	79	常葉学園菊川	静岡	89	佐賀北	佐賀
2008（平成20）	80	沖縄尚学	沖縄	90	大阪桐蔭	北大阪
2009（平成21）	81	清峰	長崎	91	中京大中京	愛知
2010（平成22）	82	興南	沖縄	92	興南	沖縄
2011（平成23）	83	東海大相模	神奈川	93	日大三	西東京
2012（平成24）	84	大阪桐蔭	大阪	94	大阪桐蔭	大阪
2013（平成25）	85	浦和学院	埼玉	95	前橋育英	群馬
2014（平成26）	86	龍谷大平安	京都	96	大阪桐蔭	大阪
2015（平成27）	87	敦賀気比	福井	97	東海大相模	神奈川
2016（平成28）	88	智弁学園	奈良	98	作新学院	栃木
2017（平成29）	89	大阪桐蔭	大坂	99	花咲徳栄	埼玉
2018（平成30	90	大阪桐蔭	大坂	100		

おわりに

＊ファンの数だけある甲子園物語

２０１３年夏、双子の父となった。妻ほどではないにせよ子育てに忙殺され、時間が読みにくい取材活動はほぼできない日々。できたのは、図書館と書店を往復し、過去の文献や新刊を読み漁って、「調べて書く」というコラム的な記事や書評ばかりだった。不思議なもので、結果的にはこの環境が功を奏した。２０１３年以降、野球周辺ではさまざまなメモリアル・イヤーが続き、歴史を振り返る企画が求められたからだ。

ざっと振り返ってみても、２０１４年が「甲子園球場誕生90周年」。２０１５年が「高校野球１００年」に「ＮＯＭＯ渡米から20年」。２０１６年は「プロ野球誕生80周年」。そして、２０１８年は「夏の選手権１００回大会」に「松坂世代20年」。

それら節目のたび、私は野球情報サイト「週刊野球太郎」などの媒体で、「歴史を俯瞰的に見る」からこそ書ける記事をいくつも寄稿させていただいた。

また、2015年の「高校野球100年」の際には、資料集めでお世話になっている野球・スポーツ専門古書店「ビブリオ」の店主・小野祥之氏が上梓した『高校野球100年を読む』(ポプラ社)の構成を担当。野球本の歴史から高校野球史を振り返ろう、というこの企画のおかげで、歴史的に貴重な文献、他ではまず出会えないであろう奇書にも目を通すことができた。おかげで、野球本、甲子園関連書籍に関しては人よりも多く触れてきたのではないか、と思っている。本書では、そうした数多くの甲子園関連書籍を読み漁ったからこそ気づいた〝重なり〟、多くの本で何度も登場する重要トピックスを中心に、100ネタを選ばせていただいた。「あの選手が入っていない」「あのエピソードがないなんてわかってない」といった批判は重々承知の上、セレクトの意図をご理解いただければ。ファンの数だけ甲子園物語はある、という気づきも、本書の狙いの1つだからだ。

子どもたちが生まれた直後、同じ時期に子を授かった知人から、こんなメッセージをもらった。「16年後の2029年、第111回夏の甲子園で会いましょう」……実現してもしなくても、もちろんそれは子どもたちの生き様。だが、球児たちの物語は、きっとずっと続いているはず。100回目の夏は、間もなく幕を開ける。111回目の夏、甲子園はいったどんな表情を見せているのだろうか? 球児たちの物語に、ゲームセットはない。

おまけに

＊

キャッチーなことがらを過不足なくピックアップし、時系列でくくらず、ジャンルを横断して、ざっくりわかる

＊

石黒謙吾

僕が初めて甲子園大会を意識した記憶は、太田幸司（Ｐ84）だった。当時8歳。そこからほどほど長きにわたって毎年球児の祭典を見続けてきているが、それでもまだ歴史の半分でしかない。それ以前は書物でしか知らない50年のアツイ物語……。中学生の頃は『週刊ベースボール』の記事で毎週、海草中・嶋清一だの、板東―村椿だのという文字に触れた。その後は40年にわたり膨大な数の高校野球本を読んでいくことになる。

出版のプロになってから長年感じていたのは、マニア向けかシロウト向けの本ばかりで、どちらも満足させられるものがほとんどないこと。そんな下地があった中でこの本を、プロデュース・編集しようと思い立ったのは２０１５年夏、オグマ君のWEB連載「高校野球１００年物語」を知った時。短いコラムが時系列で古い年代から１００項目となっていたが、順番をランダムに入れ替える企画として本に残さねばと考えた。連載を素材に、イ

メージしていたコンセプト「キャッチーなことがらを過不足なくピックアップし、時系列でくくらず、ジャンルを横断して、ざっくりわかる」がまとめられるなと。

時事通信運動部のアルバイト、雑誌編集者、書籍の執筆・編集と、野球関連の仕事もそこそこ携わってきたが、高校野球は1ファンとして別格に好きだ。その起点は39年前。延長18回、テレビ画面の中にはカクテル光線に照らされる黄色のユニ。半年前まで同じ校舎にいた星稜の後輩たち。この試合（P14）は、いくつかある人生の節目となった。

上京して芸大浪人を始めたものの、すぐに予備校で落ちこぼれ、巨大な不安に包まれる日々。ただ名曲喫茶のアルバイトだけの生活に逃避していた自分に愚直に生きろと背中を押してくれたのは、母校と箕島の選手たち、そして高校野球という物語だった。

この試合を見たことで、野球が魂の芯に刷り込まれた。仕事時間がやりくり可能になった35歳ぐらいからは、甲子園三塁側ベンチ真後ろ最前列に陣取り、2日間で8試合観戦のスタイルを20年続けた。もっぱら選手よりも、監督の指示や、テレビが拾わないシーンを注視しているのだが、松坂やダルビッシュの快投も鮮烈だったし、智弁和歌山―帝京の死闘（P32）を前田監督の真後ろで声を聞きつつ目の当たりにできたのは幸運だった。

57歳の今もプレーする草野球は40シーズン目。胸にで「星涼」と入った黄色のユニで毎週プレーしている僕の耳には、いつも甲子園のブラスバンドと大歓声が届いてきている。

主な参考文献

書籍

『全国高等学校野球選手権大会史』(朝日新聞社)1958　『選抜高等学校野球大会50年史』(毎日新聞社)1978　『やぁこれは便利だ!甲子園』松尾俊治(ベースボール・マガジン社)1983　『攻めダルマの教育論』蔦文也(ごま書房)1983　『不滅の高校野球』松尾俊治(ベースボール・マガジン社)1984　『マンモス賛歌』神戸新聞阪神総局／編(神戸新聞出版センター)1985　『高校野球の事典』神田順治(三省堂)1986　『甲子園高校野球人名事典』森岡浩(東京堂出版)2004　『幻の甲子園』早坂隆(文藝春秋)2012　『甲子園あるある』上杉純也(オークラ出版)2013　『甲子園の詩 敗れざる君たちへ』阿久悠(幻戯書房)2013　『激闘甲子園「不滅の大記録」』別冊宝島編集部／編(宝島社)2014　『思い出甲子園 真夏の高校野球B級ニュース事件簿』久保田龍雄(日刊スポーツ出版社)2014　『平成甲子園 センバツ高校野球B級ニュース事件簿』久保田龍雄(日刊スポーツ出版社)2015　『高校野球100年を読む』小野祥之、野球太郎編集部(ポプラ社)2015　『高校野球 熱闘の100年』森岡浩(KADOKAWA)2015　『大阪桐蔭高校野球部 最強新伝説』(ベースボール・マガジン社)2015　『横浜高校野球部 白球の軌跡』(ベースボール・マガジン社)2015　『甲子園「観戦力」をツーレツに高める本』小野塚康之(中央公論新社)2015　『校歌の大甲子園史』渡辺敏樹(地球丸)2015　『ああ栄冠は君に輝く ～加賀大介物語～』手束仁(双葉社)2015　『甲子園スーパースター列伝』オグマナオト、野球太郎編集部(集英社)2016　『ブラバン甲子園大研究』梅津有希子(文藝春秋)2016　『甲子園レジェンドランキング』オグマナオト(集英社)2018

雑誌・ムック

『野球太郎』(廣済堂出版)　『中学野球太郎』(廣済堂出版)　『野球太郎 全国高校野球大図鑑2018』(廣済堂出版)　『野球小僧』(白夜書房)　『中学野球小僧』(白夜書房)　『Sports Graphic Number』(文藝春秋)　『DVD映像で蘇る高校野球不滅の名勝負』(ベースボール・マガジン社)　『激動の昭和スポーツ史 高校野球編』上・下(ベースボール・マガジン社)　『高校野球[あの記憶]』(ベースボール・マガジン社)　『甲子園ヒーロー伝説』(ベースボール・マガジン社)

WEB

朝日新聞デジタル「高校野球100年」「バーチャル高校野球」　毎日新聞「センバツLIVE!」「選抜高校野球 歴代優勝校と決勝戦」　中日新聞「KOSHIEN新世紀」　公益財団法人日本高等学校野球連盟　甲子園歴史館　阪神甲子園球場　NHK　週刊野球太郎　Number Web　関西ウォーカー「“ワタシ”が語る甲子園～100年の熱狂ストーリー～」　産經新聞ZakZak「高校野球名将伝説」「高校野球 新・名将伝説」

オグマナオト

ライター・構成作家

スポーツにまつわる雑学や伝説を採集し、コラムや書籍として執筆。ラジオやテレビのスポーツ番組にも構成作家として参加している。「エキレビ！」「野球太郎」「週刊プレイボーイ」「関西ウォーカー」を中心に、スポーツネタ、野球コラム、人物インタビューを寄稿。

執筆・構成した本に『甲子園スーパースター列伝』『甲子園レジェンドランキング』（共に集英社みらい文庫）、『爆笑！感動！スポーツ伝説超百科』『高校野球100年を読む』（構成）（共にポプラ社）、『木田優夫のプロ野球選手迷鑑』（構成／新紀元社）、『漫画・うんちくプロ野球』（監修／KADOKAWA）など。

文　　　　　オグマナオト
企画・プロデュース・編集　石黒謙吾
装丁　　　　寄藤文平+吉田考宏（文平銀座）
写真　　　　共同通信イメージズ
校正　　　　永山智浩
DTP　　　　株式会社 明昌堂
制作　　　　（有）ブルー・オレンジ・スタジアム
協力　　　　『野球太郎』編集部／成澤浩一／山本貴政（ヤマモトカウンシル）
　　　　　　鈴木丈夫／『ホームラン』編集部

ざっくり甲子園《こうしえん》100年《ねん》100ネタ
ニワカもマニアもおさえておきたい

2018年7月17日　第1版第1刷

著　者　オグマナオト

発行者　後藤高志
発行所　株式会社 廣済堂出版
〒101-0052
東京都千代田区神田小川町 2-3-13 M&Cビル 7F
電話 03-6703-0964（編集）　03-6703-0962（販売）
Fax 03-6703-0963（販売）
振替 00180-0-164137
http://www.kosaido-pub.co.jp

印刷・製本　株式会社 廣済堂

ISBN 978-4-331-52175-5 C0075 ©2018 Naoto Oguma Printed in Japan
定価はカバーに表示してあります。落丁・乱丁本はお取り替えいたします。